PAPERBACK

Christine Henning studierte Medienwirtschaft. Sie hat immer ein offenes Ohr und überhaupt keine Probleme damit, über peinliche Themen zu sprechen. Sie ist halb deutsch, halb indonesisch, in Griechenland geboren und hat in Mexiko und Argentinien einen Teil ihrer Kindheit verbracht. Seit 2007 moderiert sie den satirischen Tagesrückblick «Ehrensenf» im Internetfernsehen. Gemeinsam mit Ralph Caspers übernahm sie im Frühjahr 2011 die Moderation der erfolgreichen Aufklärungssendung «Du bist kein Werwolf – Über Leben in der Pubertät» des WDR.

Ralph Caspers, geboren auf Borneo, studierte an der Kunsthochschule für Medien in Köln. Er moderiert seit 1999 «Die Sendung mit der Maus» und ist sowohl Moderator als auch Drehbuchautor der Wissenssendung «Wissen macht Ah!».

Als Ralph sieben Jahre alt wurde, fragte er seinen Vater, ob jeder in die Pubertät müsse, er würde das nämlich eher nicht so gerne machen. Sein Vater erklärte ihm lang und detailliert, was mit dem Körper passiert, wie sich alles verändert und, ja, dass jeder Mensch da durchmüsse. Erst am Ende jenes schicksalhaften Gesprächs, als die Fragen des kleines Ralphis immer seltsamer und das Kind selbst immer verstörter wurde, dämmerte es seinem Vater: Der Junge hatte Pubertät mit Universität verwechselt. Aber da war es schon zu spät ...

Mehr über die Sendung «Du bist kein Werwolf – Über Leben in der Pubertät» findest du unter:
www.dubistkeinwerwolf.de

RALPH CASPERS
CHRISTINE HENNING
Daniel Westland

Du bist kein
WERWOLF

Eine Gebrauchsanweisung
für die Pubertät

Mit Illustrationen von Lennart Andresen

Rowohlt Taschenbuch Verlag

So wie man einfacher die Pubertät mit Freunden durchsteht, lässt sich ein Buch über die selbige auch besser schreiben, wenn mehrere freundliche, lustige und natürlich hochtalentierte Menschen gemeinsam daran werkeln:

Ein riesiges Dankeschön an das gesamte Werwolf-Team, für euer Engagement, den schöpferischen Input und den einen oder anderen Lacher!

Herzlich danken wollen wir auch unseren Familien und Freunden, die uns stets inspiriert und unterstützt haben.

Christine und Ralph

3. Auflage Februar 2016

Originalausgabe
Veröffentlicht im Rowohlt Taschenbuch Verlag,
Reinbek bei Hamburg, Dezember 2011
Copyright © 2011 by Rowohlt Verlag GmbH,
Reinbek bei Hamburg
© WDR, Köln (Agentur: WDR mediagroup licensing GmbH)
Für Jugendliche ab 12 Jahren
Die Inhalte dieses Buches basieren auf der gleichnamigen Sendung «Du bist kein Werwolf», sind aber darüber hinaus ergänzt und erweitert worden.
Illustrationen Lennart Andresen
Umschlaggestaltung ZERO Werbeagentur, München
(Covermotive: WDR/Kalupke)
Satz Swift PostScript, InDesign, bei
Dörlemann Satz, Lemförde
Druck und Bindung CPI books GmbH, Leck, Germany
ISBN 978 3 499 62634 0

INHALT

YAHOUUUUU!
HERZLICH WILLKOMMEN
IM LÄNGSTEN VOLLMOND
DEINES LEBENS!

In diesem Buch geht es um alles, was in der P-P-P-P-Pubertät passiert. (Da! Wir haben's ausgesprochen!) Man fühlt sich in dieser Zeit nämlich wie ein Werwolf bei Vollmond: Der Körper verändert sich, es wachsen Haare an den unmöglichsten Stellen, und man bekommt eine unbändige Lust auf Fleisch! (Und das gilt für Jungen, wie für Mädchen. Werwölfe waren zwar ursprünglich alle männlich, im Zuge der Gleichberechtigung sind aber auch weibliche Versionen dieser Fabelwesen, die Werwölfinnen, erschaffen worden.)

Niemand bereitet einen so richtig auf die Veränderung in dieser Zeit vor – und da treten wir auf den Plan. Wir schlendern erhobenen Hauptes durch Gegenden, die andere nur mit hochrotem Kopf betreten. Uns ist nichts peinlich. Wir liefern konkrete, handfeste Informationen und geben Tipps. Damit du dich halbwegs mühelos wieder in das liebenswerte Menschenwesen, das zweifelsohne irgendwo tief in dir drinsteckt, zurückverwandeln kannst.

Woher wir über all das Bescheid wissen, fragst du dich? Tja, wir waren schließlich auch mal in der Pubertät. Und haben heil wieder rausgefunden. Außerdem gibt es viele Leute, die man fragen kann: Ärzte, Lehrer, Eltern, Freunde. Man muss sich nur trauen. Und das haben wir für dich erledigt. Keine Frage war uns zu unangenehm, keine Antwort zu peinlich.

So findest du also auf den folgenden Seiten eine Gebrauchsanleitung für die Pubertät. Denn du bist kein Werwolf! Bloß ein armer Hund oder eine arme Hündin, aber auch das gibt sich bald wieder. Bis dahin: Mach das Beste draus – wir sagen dir, wie!

Übrigens: Wenn in diesem Buch von «Jungen» die Rede ist, dann meinen wir tatsächlich auch Jungen, und mit «Mädchen» meinen wir auch Mädchen, sodass ganz schön oft von «Jungs und Mädchen» oder von «er oder sie» oder «ihm oder ihr» gesprochen werden wird, was dann natürlich dazu führt, dass wir manchmal dann doch nur «du und deine Freunde» oder «du und deine Freundinnen» geschrieben haben, in Wirklichkeit aber «du und deine Freunde und/oder Freundinnen» gemeint ist, und dasselbe gilt natürlich auch für Lehrer(innen), Erwachsene(innen) und Eltern(innen) ... äh.

Oh, und außerdem verlieben sich zwar die meisten Jungs in Mädchen und die meisten Mädchen in Jungs, aber manche Jungs verlieben sich auch in Jungs, und manche Mädchen verlieben sich in Mädchen, und manches von dem, was für Mädchen gilt, die sich in Jungs verlieben, gilt auch für Mädchen, die sich in Mädchen verlieben, und manches von dem, was für Jungs gilt, die sich in Mädchen verlieben, gilt auch für Jungs, die sich in Jungs verlieben. Aber anderes wiederum nicht, und wenn wir das immer dazuschreiben würden, hättest du jetzt ein wirklich dickes Buch in der Hand, deshalb haben wir das gelassen. Es ist alles sowieso schon verwirrend genug. Aber für ein Buch, in dem es maßgeblich ums Geschlechtsleben geht, sind Geschlechter wirklich eine erstaunliche Plage. Aber am Ende ist das wahrscheinlich aktuell dein kleinstes Problem. Eines können wir dir aber versprechen: Du wirst schon rauskriegen, was wir meinen!

Viel Spaß beim Überleben in der Pubertät,
Christine und Ralph

Los geht's! Aber wann? Das ist ganz unterschiedlich. Der Begriff «Pubertät» kommt – wie so viele – mal wieder aus dem Lateinischen: «Pubertes» nannten die alten Römer die Geschlechtsreife. Zwar behaupten manche Frauen steif und fest, auch erwachsene Männer seien «unreif», wenn sie z.B. viel Sport gucken oder gern Videospiele spielen. Und Männer finden Frauen, die gern und oft mit ihren Freundinnen shoppen gehen, ebenfalls «unreif». Doch das ist hier nicht gemeint. Es geht um die körperliche Matura, sprich Reife. Um Sex, Fortpflanzung, Babykriegen. Wer ein Baby bekommen oder zeugen kann, gilt als «geschlechtsreif».

Nun bist du ja schon seit einigen Jahren mit kaum etwas anderem so beschäftigt wie mit dem Großwerden. Du hast gehen, essen, sprechen und rechnen gelernt – und vielleicht sogar singen, Ballett, Fußball oder Karate. Warum also jetzt diese Welle?

Weil der Körper in der Pubertät nicht nur wächst, sondern sich vor allem auch verändert. Plötzlich spuken in deinem Blut alle möglichen Hormone herum, die Haare wachsen lassen, Pickel verursachen und brutale Stimmungsumschwünge mit sich bringen.

Weil es eine wahnsinnig bequeme Erklärung ist, sagen viele Eltern, sobald der Nachwuchs mal ein wenig lauter Musik hört, mit Stinklaune beim Abendbrot sitzt oder ein paarmal mit den Türen knallt: «Ah! Die Pubertät ...!» Kann sein, kann aber auch nicht sein. Denn diese heikle Lebensphase verläuft bei jedem Menschen anders. Sie beginnt frühestens mit dem achten Geburtstag und endet zwischen achtzehntem und zwanstigstem.

In dieser Zeit geschehen mit deinem Körper alle möglichen Sachen. Was wann passiert, kannst du kaum beeinflussen, wohl aber, wie du damit klarkommst.

10

Die wichtigsten körperlichen Veränderungen

Jungen	Mädchen
Penis und Hoden wachsen	Brüste wachsen
Samenerguss; erste Selbstbefriedigung	Monatsblutung (auch Regel, Periode oder Tage genannt); erste Selbstbefriedigung
Bart- und Haarwachstum vor allem unter den Armen, auf der Brust, im Schambereich (Penis, Hoden)	Haarwachstum unter den Armen und im Schambereich
Stimmbruch (Stimme springt zwischen hoch und tief, am Ende bleibt sie tiefer als vorher)	Stimmbruch (fällt nicht ganz so auffällig wie bei Jungs aus, existiert aber dennoch)

Bei den Jungs scheint somit oberflächlich betrachtet mehr zu geschehen, dafür bringt sie aber der Sturm der Hormone meist weniger durcheinander als die Mädchen. Denen machen die intensiven Stimmungsschwankungen oft sehr zu schaffen. Außerdem haben Mädchen manchmal starke Schmerzen, bis die Monatsblutung einigermaßen regelmäßig kommt. (Bei manchen Frauen bleibt das ein Leben lang so.)

Viel schlimmer als Schmerz und die Unsicherheit über die körperlichen Veränderungen ist jedoch das seelische Durcheinander, das die Pubertät mit sich bringt. Es ist eine Zeit, in der man seine Eltern und Geschwister manchmal nicht ausstehen kann – und sich doch zugleich nach ihrer Liebe und der Geborgenheit, die sie geben, sehnt. Eine Zeit, in der man denkt, man verhalte sich nach außen so normal wie immer, aber die Leute um einen herum sagen einem, dass man ständig schlecht drauf sei und sich mal zusammenreißen solle. Eine Zeit, in der einem plötzlich auffällt, dass die Nachbarstochter unheimlich anziehend wirkt – wobei man sie wahrscheinlich lieber ausziehen möchte –, oder eine Zeit, in der man als Schulsprecher richtig toll argumentieren kann, aber keine Ahnung hat, wie man den oder die andere auf sich aufmerksam machen könnte.

Eine Zeit, in der vielleicht das eigene Gesicht voller pochender Eiterpickel ist, während sich der beste Kumpel oder die liebste Freundin Pommes mit Schokoguss reinschieben kann und nix passiert. Eine Zeit, in der die Einladung zu einer Party unermesslich wichtig sein kann, nur damit man sich dann das Hirn zermartert, wie man «richtig» küsst. Eine Zeit, in der man am Ende vielleicht wahnsinnig gern mit dem Freund oder der Freundin schlafen würde, aber keine Ahnung hat, welches Teil wo reingehört, wie sich das dann anfühlt und ob man überhaupt gut im Bett ist.

Geschlechtsteile gibt es nur in zwei Sorten: männlich (Penis) oder weiblich (Scheide bzw. «Vulva» – genau genommen bezeichnet die Vulva die Gesamtheit der äußeren Geschlechtsorgane einer Frau oder eines Mädchens, die Scheide befindet sich allerdings teilweise im Inneren). Im Laufe der Zeit haben sich die Menschen jedoch liebenswerte und manchmal weniger liebenswerte neue Namen für die Geschlechtsteile ausgedacht, je nachdem, was sie gerade damit deutlich machen wollen. Damit du auch immer weißt, worüber die anderen reden, hier eine kleine Übersicht.

So kann man's auch nennen

Andere Bezeichnung für «Penis»	Andere Bezeichnung für «Scheide»/«Vulva»
Glied	Muschi
Pimmel	Pussy
Schwanz	Mumu
Kleiner Freund	Möse
Phallus (lateinisch – war klar, oder?)	Fotze (sehr abschätzig, finden Mädchen gar nicht nett!)
Pullermann	Leckermaul
Schniedelwutz	Senkrechtes Lächeln
Zauberstab	Liebesgrotte
Dödel	Schnecke
Schwengel	Muschel
Piephahn	Blume
Pillermann	Dose
Johannes	Büchse
Freudenstab	Pflaume
Rohr	Vagina
Johnny	Bärchen
Lümmel	Feuchtgebiet
Ständer	Schatzkästchen
Latte	Schlitz

So viele unterschiedliche Bezeichnungen es auch gibt, wir verwenden in diesem Buch einfach die Wörter Penis und Scheide. Mittlerweile solltest du mitgekriegt haben, welches der beiden Geschlechtsteile du abbekommen hast. Trotzdem kann es nie schaden, auch die Abschnitte über das jeweils andere Geschlecht zu lesen, denn je mehr man darüber weiß, desto leichter und besser versteht man sich. (Und ob du es aktuell glaubst oder nicht: Für die allermeisten Menschen steht dieses Ziel am Ende der Pubertät – einen Freund oder eine Freundin zu finden und mit ihm Spaß zu haben und glückliche Zeiten zu verbringen.)

Teil 1

DEIN ICH, DEIN SEELENLEBEN UND ALLES, WAS DAZUGEHÖRT

Ob Menschen eine Seele haben oder nicht, darüber streiten die Gelehrten (und nicht nur die). Sicher ist aber: Wir haben Gefühle, und oft sind diese Gefühle schön – oft aber auch ziemlich lästig!

In der Pubertät geraten die Emotionen total durcheinander und schwanken auch schnell zwischen Extremen: Man ist wütend, glücklich, erregt, zornig, ratlos, ängstlich, einsam, selbstsicher, verlegen, streitlustig, schüchtern zugleich, und dann geht alles wieder von vorne los. Das liegt daran, dass die ganze Pubertät durch Hormone ausgelöst wird. Hormone sind chemische Botenstoffe, die von Körperzellen produziert werden, um andere Körperzellen dazu zu bringen, irgendwas zu tun. Beispielsweise wird das Knochenwachstum durch sie gesteuert: Die Hormone befehlen sozusagen den Knochenzellen, dass sie jetzt mal wieder ein paar Zentimeter zulegen sollen – mit dem Ergebnis, dass die meisten Eltern anfangen zu stöhnen, weil mal wieder alle Hosen zu kurz sind. Jugendliche werden im Jahr bis zu zehn Zentimeter größer. Gewachsen wird nicht gleichmäßig, sondern in Schüben. Mal ist man die Größte in der Klasse, mal die Kleinste. Christine überragte zum Beispiel in der fünften Klasse alle anderen und fühlte sich wie eine einsame Riesin, aber das hat sich zum Glück im nächsten Schuljahr geändert.

Ähnlich ist es mit der Sexualentwicklung. Damit am Ende alles gut funktioniert, müssen alle möglichen Teile im Körper größer werden oder überhaupt den Betrieb aufnehmen. Das passiert aber nicht einfach über Nacht, sondern langsam und Stück für Stück und bei jedem ein bisschen anders. Und bei jedem kommt es zu seiner Zeit. Und als wäre es nicht blöd genug, dass die beste Freundin vielleicht schon einen Busen hat und man selbst noch nicht (was völlig in Ordnung ist, wenn du ein Junge bist), geht dabei auch noch einiges schief – zum

Beispiel im Gesicht. Stichwort: Pickel. (Was du dagegen tun kannst, darüber informieren wir dich noch in dem Kapitel «Zu zweit allein zu Haus», S. 42) Die ganzen Hormone im Blut sorgen bei manchen Menschen dafür, dass sie solche blöden Pusteln bekommen. Biologisch ist das überhaupt nicht notwendig. Aber ändern kann man's auch nicht. Alles fängt damit an, dass die Hirnanhangsdrüse ein hormonelles Signal aussendet, um andere Zellen zu veranlassen, die Geschlechtshormone Testosteron (männlich) und Östrogen (weiblich) zu produzieren. Und zwar bei Jungs und Mädchen. Denn jeder von uns hat von beiden Hormonen genügend in sich – sowohl vom Testosteron als auch vom Östrogen. Nur der Mix ist bei jedem anders und beeinflusst Stimmung und Äußeres.

Der Beginn der Pubertät hängt auch ein bisschen von den äußeren Einflüssen ab (Ernährung, Umweltbedingungen allgemein), wird aber vor allem genetisch gesteuert. Wenn deine Eltern also früh in die Pubertät kamen oder lange damit beschäftigt waren oder viele (oder wenig) Pickel hatten, wird das bei dir vermutlich auch der Fall sein. Das ist vielleicht frustrierend, hat aber einen großen Vorteil: Du kannst weder etwas dafür, noch kannst du wirklich etwas dagegen unternehmen oder daran ändern. Also: Schnall dich an, entspann dich und mach das Beste daraus!

Früher dachte man, dass die Hormone im Blut während der Pubertät alles wild durcheinanderwirbeln. Klar, dass ein Mensch dann keinen klaren Gedanken fassen kann. Und wie bequem für Eltern und Lehrer, die Verantwortung für alle Probleme dem kleinen Werwolf in dir zuzuschieben.

Leider weiß man inzwischen, dass diese Sicht nur halb richtig ist. Es stimmt, dass du dich veränderst, geistig und körperlich, und das wiederum liegt tatsächlich an den Hormonen. Also ein Stück weit muss man das einfach hinbekommen. Man hat aber inzwischen nachgewiesen, dass Jugendliche durch Launenhaftigkeit und Stimmungsschwankungen vor allem in Situationen auffallen, in denen Erwachsene das Sagen haben (Familienaktivitäten, Unterricht, Arbeit). Untereinander tauchen diese «Probleme» bei euch Jugendlichen häufig gar nicht auf – was wiederum dazu führt, dass nicht nur die Eltern ihre Kinder nicht mehr verstehen, sondern die Kinder zugleich das Gefühl haben, mit ihnen wäre doch alles ganz normal. Warum, fragen sie sich, stellen die Eltern sich eigentlich so an? Das ist auch zumindest einer der Gründe dafür, dass Freundschaften unter Gleichaltrigen in diesem Alter eine Wichtigkeit zukommt, die Erwachsene nicht immer nachvollziehen können.

Man kann also sagen, dass in diesem Fall beide Seiten recht haben. Je älter man wird, desto mehr ist man mit Problemen konfrontiert. Diese Probleme kann man aber auch im höheren Alter immer besser erfassen. Man sagt: Die «Urteilsfähigkeit» nimmt zu. Du kannst eine Sache jetzt besser beurteilen. Mit fünf Jahren erscheint eine Situation nicht so komplex und schwierig wie mit fünfzehn. Was wiederum damit zusammenhängt, dass der oder die Fünfzehnjährige zum Teil schon Einfluss auf einige Dinge nehmen kann, ein Fünfjähriger oder eine Fünfjährige nicht. Auch wenn das oft nur theoretisch ist. Krasses, aber häufiges Beispiel: Mit fünf steht man da und heult, wenn die Eltern sich scheiden lassen, aber zu mehr reicht es nicht – und das Leben geht weiter (wenn auch anders als zuvor). Mit fünfzehn bricht die gesamte Welt zusammen. Der Schlag ist härter, die Folgen sind vielfältiger, das Drama ist größer. Denn: Man kann sich schon zum Problem äußern, aber würde es was nutzen?

Mixt man das mit Emotionen, die durch allerlei Hormone verstärkt werden, erhält man einen brodelnden Teufelstrank. Bleiben junge Menschen jedoch nur unter sich, können sie ganz allein die Situation gestalten, sodass es vorerst keinen Anlass für große Gefühle gibt. (Das ändert sich allerdings zügig, sobald Liebe und Eifersucht ins Spiel kommen.) Kurz gesagt: Du bist normal – deine Eltern und Lehrer sind normal – aber ihr sprecht im Moment nicht dieselbe Sprache. Das aber in Hochgeschwindigkeit.

Je mehr Geduld ihr miteinander habt, desto besser wird es gehen. Zudem hat das körperliche Wachstum eine Folge, die dir vielleicht nicht bewusst ist. Du bist jetzt kein kleines Kind mehr, das deine Eltern auf den Knien schaukeln (oder notfalls auch mal beiseiteschieben) können. Du bist (fast) so groß und stark wie deine Eltern. Selbst wenn körperliche Gewalt bei euch keine Rolle spielt (was wir hoffen), ändert sich dadurch trotzdem die gegenseitige Wahrnehmung. Aber es wird noch eine Weile dauern damit. Deine Eltern behandeln dich also automatisch noch wie ein (kleines) Kind – und vielleicht benimmst du dich auch manchmal noch so. Aber zugleich spürt ihr alle, dass du eben nicht mehr so klein bist. Und denk daran: Ihnen macht das Ganze vielleicht Angst oder sie trauern heimlich um die schöne und unkomplizierte Zeit mit dir. Du selbst weißt auch noch nicht recht, was du dir zutrauen kannst – und was nicht. Klar ist jedoch: Die Veränderung läuft unheimlich schnell und manchmal ruckartig ab. Ein bisschen so, als ob du in die Sommerferien fahren würdest – und wenn du zurückkommst, ist aus der Baugrube nebenan ein fertiges Haus geworden. Oder du besuchst deine Oma und auf einmal kann sie nicht mehr so wild mit dir spielen wie letztes Jahr – plötzlich ist sie alt und grau geworden, über Nacht.

Sich miteinander auseinanderzusetzen oder gar zu streiten, ist wichtig für die Entwicklung der Persönlichkeit. Zu Hause kann man, wenn alles gut läuft, ausprobieren, was geht oder nicht mehr geht, und daraus lernen, ohne allzu großen Schaden anzurichten. Man wappnet sich sozusagen für die Außenwelt. Außerdem: Die Natur will zwar, dass die Eltern ihre Kinder behüten und großziehen, aber dann sollen die plötzlich nicht mehr gemütlich daheim bei Mutti rumsitzen, sondern hinaus in die Welt ziehen! Auch deshalb ist es biologisch sinnvoll und notwendig, die kuschelig enge Vertrautheit zwischen den Generationen aufzulösen.

Häufig ist es so, dass als «typisch männlich» oder «typisch weiblich» angesehene Verhaltensweisen in dieser Zeit überraschend auftreten – und dazu noch überraschend intensiv. Da wird aus einem bislang ganz unauffälligen Jungen vielleicht ein schlagkräftiger Rabauke, der mit fiesen Sprüchen und Biersaufen beweisen will, was für ein harter Kerl er ist. Oder ein paar Freundinnen verbringen zahllose Stunden damit, sich zu schminken und immer wieder umzuziehen, nach dem Motto: Wer ist die Schönste im ganzen Land?

Was Eltern oder auch manchen Gleichaltrigen rätselhaft erscheint, hat sehr wohl eine Funktion: Wir lernen durch Ausprobieren und Nachahmen – und wenn wir vom Kind zur Frau oder zum Mann werden, gibt es jede Menge zu beachten und daher auch jede Menge auszuprobieren oder nachzuahmen. Sich also mal in dieser und mal in jener Rolle zu versuchen – und zu erleben, was für Ergebnisse und Erlebnisse das mit sich bringt – ist sehr hilfreich. So merkt man, was gut zu einem passt. Und was nicht.

Manchmal kommt es in dieser Zeit auch zu unangenehmen Situationen – wenn die anderen bei der Klassenparty über die Hose lachen, die du toll findest und extra angezogen hast. Wenn jemand hinter deinem Rücken über dich redet und flüstert oder du sogar davon Wind bekommst, dass du verspottet wirst. Derart ausgegrenzt zu werden, das tut weh. Leider sind junge Menschen nicht immer so sensibel und freundlich, wie sie es sich für sich selbst wünschen und eigentlich auch gern wären.

«Selbstfindung» nennt man diesen Prozess, den die meisten Menschen auch später im Leben immer mal wieder durchlaufen. Meist dann, wenn eine Lebensphase – wie z. B. «kleine Kinder großziehen» – zu Ende geht und eine neue bevorsteht (z. B. Kind aus dem Haus, Eltern zum ersten Mal seit zwanzig Jahren allein miteinander). So kann es durchaus auch sein, dass deine Pubertät mit einer sogenannten Midlife-Crisis (die berühmte Krise in der Lebensmitte) deiner Eltern zusammenfällt. Das ist dann so, als wollte man aus Benzin und Silvesterböllern einen beruhigenden Badezusatz mischen.

Bei den Eltern deiner Freunde (oder deinen eigenen) hast du wahrscheinlich schon bemerkt, dass nicht alles, was Erwachsene den lieben langen Tag so machen, auch wirklich gut ist. Du kennst bestimmt einen Vater, der zu viel raucht oder trinkt, eine Mutter, die viel zu viel Geld für schicke Klamotten ausgibt, sodass es immer knapp wird, wenn eine Klassenreise bevorsteht. Väter, die gemeine Sprüche klopfen, die oberflächlich betrachtet vielleicht ganz witzig klingen, aber letztlich unheimlich weh tun. Oder Mütter, die sich kaum etwas allein zutrauen – beziehungsweise unbedingt alles selbst hinbekommen müssen. Das alles sind Verhaltensweisen, die junge Menschen – meist unbewusst – nachahmen, zumindest probeweise. Häufig ist es auch so, dass man das genaue Gegenteil dessen besonders spannend findet, was die eigenen Eltern wollen oder tun. Trinken sie keinen Alkohol, dann kippt man sich jedes Wochenende die Birne zu. Arbeiten sie zu viel, tut man gar nichts mehr für die Schule.

Die meisten dieser Persönlichkeits-Testläufe sind völlig okay. Manche aber sind gefährlich – vor allem, wenn Drogen, Alkohol, Sex mit vielen wechselnden Partnern oder alles zusammen mit im Spiel ist. Immer, wenn man selbst oder ein anderer eigentlich nicht mitmachen will. Dazu gehören auch riskante Stunts, egal, ob auf dem Fahrrad, im Verkehr oder sonst wo (S-Bahn-Surfen, Snowboarden, Fassadenklettern ...).

Faustregel! Für einen blöden Spruch kannst du dich entschuldigen, brichst du dir aber den Hals, ist Schluss mit lustig. Auch wenn es schwerfällt: Hin und wieder hilft es, einfach mal innezuhalten und sich zu fragen, ob man das, was man gerade macht, wirklich will und ob das Ganze überhaupt einen Sinn haben könnte.

Die Pubertät beginnt meist zwischen dem zehnten und vierzehnten Geburtstag. Es gibt also sogenannte Frühentwickler und Spätentwickler. Obwohl Frühentwickler eigentlich ganz klasse klingt – und viele junge Menschen ja auch sehnsüchtig darauf warten, dass Busen oder Barthaare wachsen –, ist es in Wahrheit so, dass es die Schnellstarter am schwersten haben. Eltern, Lehrer und andere Erwachsene haben in Umfragen angegeben, dass sie erwachsen wirkende und auftretende Jugendliche als entspannt, unabhängig und selbstbewusst wahrnehmen. Klingt erst mal gut. Die so Bewerteten fühlten sich jedoch eigentlich furchtbar unsicher und unwohl. Das liegt vermutlich daran, dass sie keine Rollenvorbilder hatten, sondern alles allein herausfinden mussten. Hinzu kommt das plötzlich erwachende (und oft ausgesprochen verwirrende) Interesse an Sex, für das man dann aber unter den bisherigen Freunden oder Freundinnen noch keine Gesprächspartner findet, da alle anderen noch mit Spielen beschäftigt sind.

Diejenigen, bei denen die Pubertät später einsetzt, haben den klaren Vorteil, von den anderen abgucken zu können, wie man sich verhält oder zumindest verhalten könnte. Im Nachhinein waren diejenigen Jugendlichen, bei denen die Pubertät spät einsetzte, zufriedener und weniger gestresst von dieser Zeit. Du kannst es eh nicht ändern, aber – wenn du nicht zu den Ersten gehörst, freu dich, statt dich zu ärgern.

Generell kann man sagen, dass die hormonelle Umstellung bei Jungen etwas später beginnt und etwas länger dauert als bei Mädchen. Deswegen finden viele Mädchen ab der siebten oder achten Klasse (und auch später) die Jungen ihres eigenen Jahrgangs eher bescheuert und interessieren sich (heimlich oder offen) für die älteren Typen. Das ist auch der Grund dafür, dass sie jetzt häufiger als Jungen für Lehrer, Schauspieler oder Sportler schwärmen, weil diese eben schon so reif wirken, vor allem im Vergleich mit den Jungs aus der eigenen Klasse.

Häufig sacken Jugendliche im Lauf der Pubertät für etwa ein Jahr in der Schule ab, bei Jungen ist das oft in der zehnten oder elften Klasse der Fall, bei Mädchen häufig in der neunten oder zehnten. (Wer bereits eine Lehre macht, wird dieselben Schwierigkeiten feststellen.) Warum? Man weiß es nicht genau. Die Hauptgründe sind vermutlich eine Mischung aus Interesse an «allem außer Schule» sowie dem Wunsch, bestehende Regeln (Schule! Aufpassen!) infrage zu stellen.

Speziell Mädchen, bei denen die Pubertät früh eingesetzt hat, neigen (statistisch betrachtet) dazu, sich ängstlich zu fühlen und vielleicht sogar zu befürchten, bald zu sterben. Andere überlegen, sich das Leben zu nehmen. Kurz gesagt: Bitte lass es – auch wenn es dir vollkommen unmöglich zu sein scheint, spätestens in einigen Monaten fühlst du dich wieder besser! Garantiert.

ICH BIN ICH!

In dieser unseligen Zeit der ewigen pubertären Düsternis, auf der mühsamen Reise in ein Land hinter dem Horizont, sind Freunde wichtig. Sie sind jetzt sogar wichtiger denn je. Warum? Weil sonst keiner einen versteht. Die Eltern benehmen sich oft so – das haben wir bereits festgestellt –, als wären sie von einem anderen Stern (auf den man sie meistens auch wünscht), jüngere Geschwister haben nicht die geringste Ahnung – also kann man nur entweder allein bleiben oder sich mit Leidensgenossen zusammentun.

Denen muss man wenigstens nicht erklären, warum man sich aus jedem Foto wegduckt, das die Eltern von einem machen wollen, aber zentnerweise eigene Handybilder von der letzten Party im Internet postet. (Wobei man das auch selbst gar nicht richtig erklären kann. Es ist eben einfach so.) Die verstehen, warum der ganze Tag verdorben ist, wenn man am Morgen nicht die richtige Jeans findet oder wenn der Lehrer wieder irgendwie so komisch guckt, aber gar nichts gesagt hat. Du hast natürlich längst gemerkt: So ganz schrecklich ernst nehmen wir das Benehmen und Verhalten Jugendlicher nicht. Und du weißt sicher auch selbst, dass nicht wirklich die Welt untergeht, wenn du ein T-Shirt anziehst, das du nicht so toll findest, oder wenn dein Vater im Unterhemd durch die Wohnung latscht, während du mit deiner besten Freundin Fernsehen guckst. Wir können uns aber alle auch noch gut daran erinnern, dass es sich so anfühlt, als würde die Welt untergehen. Das Gefühl können wir nicht ändern. Aber wir können dir sagen: «Tja, so ist es. So fühlt es sich an. Da musst du durch. Es ist unangenehm und es geht auch wieder weg, aber jetzt gerade ist es eben so.»

Dieser Wunsch danach, die eigene Identität genauer kennenzulernen, steht auch hinter der großen Bedeutung von Musik in dieser Zeit. Erstens kann man sich darüber von seinen Eltern abgrenzen. Obwohl das immer schwieriger wird, weil viele Eltern ja nicht mehr nur Schlager und Oldies hören, sondern aktuelle Chartmusik. Aber es geht schon, wenn man ein bisschen sucht und einen ausgefeilten Geschmack entwickelt. Zweitens kann man in den Texten nach Erkenntnissen anderer suchen, die auf das eigene Leben passen (von Liebeskummer bis Lebenserfahrung). Und drittens finden sich so Gruppen zusammen, die einen ähnlichen Musikgeschmack haben und somit oft auch gleiche Interessen.

Weil fast alle von uns von anderen gemocht werden wollen, sind wir stets in der Versuchung, es unseren Mitmenschen recht zu machen. So finden sich Cliquen – weil Leute dieselben Interessen oder Hobbys haben und gern Zeit miteinander verbringen. Sie wissen, sie können einander vertrauen und entspannt miteinander umgehen. So entsteht aber auch etwas, das «Gruppenzwang» heißt, und den man meist gar nicht bemerkt, wenn man ihm unterliegt. Gruppenzwang kann sich in allen möglichen Formen äußern: Vielleicht lachen deine Mitschüler über dich, weil du die «falsche» Turnschuhmarke trägst. Oder sie lästern, weil sie dich zu dick, zu dünn, zu groß, zu klein, zu klug oder zu dumm finden. Vielleicht trinken sie Alkohol und sagen, du gehörst nicht dazu und wärst nicht ihr Freund, wenn du nicht mittränkst. Oder sie erwarten, dass du etwas klaust oder eine andere «Mutprobe» bestehst.

Immer dann, wenn sich mehrere Leute zusammenfinden, die eine bestimmte Sache mögen (egal, wie gut oder blöd diese Sache tatsächlich ist), kann es passieren, dass sie Druck auf andere ausüben, um sie dazu zu bewegen, mitzumachen. Findet man in der Pubertät eine Gruppe, in der man sich wohlfühlt – ob nun Umweltschützer, Filmfans, Musiker oder was auch immer –, gibt einem das Sicherheit und Geborgenheit. Man fühlt sich wohl und zugehörig. Fehlt einem das, ist die Versuchung groß mitzumachen, damit die anderen einen mögen. Aber willst du eigentlich von Leuten gemocht werden, die fies zu dir sind, wenn du nicht bist wie sie? Es gibt einen entscheidenden, aber nur schwer spürbaren Unterschied zwischen denen, die begeistert überzeugt von etwas sind (und dich gerne dabeihätten), und denen, die es einfach nur beknackt finden, wenn jemand nicht ist wie sie (und denen es im Grunde egal ist, ob du dabei bist oder nicht. Hauptsache, sie können auf irgendwem rumhacken. Wenn nicht auf dir, dann eben auf einem anderen).

Leidenschaftlich eine Meinung zu vertreten, das ist gut. Gemeinsam gemein zu anderen zu sein, macht vielleicht Spaß (wenn man es selbst tut), ist aber schlecht. Solche Menschen sollte man lieber meiden, statt zu versuchen, so zu werden wie sie. Deren Anerkennung braucht man wirklich nicht. Die meisten Jugendlichen können an ihrer Schule oder bei Nachmittagsaktivitäten wenigstens ein oder zwei Freunde finden, die nett zu ihnen sind, statt sie nur zu dulden, weil sie gehorsam mitmarschieren. Ich denke, dir werden sie auch begegnen oder auch schon begegnet sein. Und solltest du doch mal in eine Situation geraten, in der du das Gefühl hast, «das will ich jetzt eigentlich gar nicht», kann es helfen, ein paar Entschuldigungen für solche Situationen parat zu haben:

- «Das kann ich nicht machen, meine Eltern würden mir das ewig vorhalten.»
- «Dazu habe ich keine Lust, wir treffen uns später!»
- «Ich spiele in der Fußballmannschaft und will keine Verletzung riskieren.»

Gruppenzwang kann auch zu Drogenkonsum führen, z. B. weil man auf einer Party cool wirken will. Problem dabei: «Klassische» Drogen wie Hasch und Marihuana, Alkohol, Kokain oder Heroin machen schnell süchtig, und es ist richtig hart, wenn nicht unmöglich, von dem Zeug wieder runterzukommen. «Neuere» Drogen wie Speed, Amphetamine (z. B. Ecstasy), Pillen und Crack sind für die Gesundheit noch gefährlicher und können schon beim ersten Mal zum Tode führen. Vor allem, wenn man nicht weiß, woher die Drogen kommen und was tatsächlich drinsteckt. Deshalb: Cool ist nicht, wer Drogen nimmt, sondern wer den Mut hat, sie abzulehnen.

IMMER SCHÖN
LOCKER BLEIBEN: DER
ÜBERZEUGENDE AUFTRITT

In der Pubertät passiert einfach viel und man hat so –
wie zu jeder Zeit – reichlich Gelegenheit, viel falsch zu
machen. (Jippie!) Und alles fühlt sich auf einmal so unangenehm wichtig an. (Das bleibt übrigens so.) Mit we-
nigen einfachen Maßnahmen kann man aber sein Auftreten optimieren und so die Erfolgschancen vor allem
beim anderen Geschlecht – und damit letztlich auch die
persönliche Zufriedenheit – erhöhen. Es gibt eine ganze
Reihe typischer Situationen, in denen man besser oder
schlechter reagieren kann.

Schule

Frage: Willst du mit mir gehen?
Antwort:
- Ja
- Nein
- Vielleicht

Solche Zettel kriegt man leider meistens immer nur von
den Falschen. Wie also kannst du denjenigen auf dich
aufmerksam machen, der dir wichtig ist, und unverfänglich dein Interesse zeigen? Wenn es sich um einen
Mitschüler von dir handelt, solltest du versuchen, einen
Platz neben ihm oder ihr zu ergattern. Dazu gehst du
beispielsweise in der ersten Stunde des Fachunterrichts
direkt hinter deinem Schwarm her und setzt dich neben
ihn, als wäre es das Normalste der Welt, weil sich eben
einer nach dem anderen hinsetzt. Mehr Mut brauchst du
erst mal nicht, denn jetzt hast du ja mindestens ein hal-
bes Schuljahr Gelegenheit, dich als fröhlich, freundlich,
interessant, klug und überhaupt ganz toll zu präsentie-
ren. (Außerdem wirst du, siehe unten, ganz schnell die
Möglichkeit haben, dich mit ihm in dem Fach zum Ler-

nen zu verabreden, weil du genau weißt, was er kann oder nicht.) Falls du gut bist im entsprechenden Fach, kannst du kurz vor der Stunde anbieten, seine Hausaufgaben zu checken. Oder vor einer Arbeit vorschlagen, ihn abschreiben zu lassen. (Aber Letzteres bitte nicht zur Gewohnheit machen, ansonsten werdet ihr bestimmt erwischt und die andere Person bleibt definitiv eine Null in diesem Fach.)

Wenn dein Schwarm mit Freunden oder Freundinnen herumsteht und du eine Frage hast: «Wo haben wir jetzt eigentlich Chemie?», «Fällt Musik nachher aus?», wende dich immer direkt an denjenigen, der dein Herz schneller schlagen lässt. Begrüße ihn oder sie jeden Morgen, wenn du in die Klasse kommst. Wenigstens mit einem freundlichen Blick und einem Nicken. Schau auf der Klassenliste nach, wo er wohnt. Überleg dir, wie sein Nachhauseweg in etwa sein müsste. Wenn es einigermaßen plausibel ist, kannst du ihn «zufällig» treffen. Ist euer Weg sehr ähnlich, könnt ihr in Zukunft immer zusammen gehen oder fahren. Hat er einen ganz anderen Weg, aber dort ist ein Geschäft, eine Eisdiele oder irgendetwas, das sich einigermaßen als Vorwand eignet, dort rumzustehen, dann fahr hin und warte ab, bis er vorbeikommt. Tu überrascht und verwickle dein Gegenüber in ein Gespräch. Wenn du mutig bist, kannst du einfach nachmittags zu ihm fahren und mit der Begründung klingeln: «Ich war gerade in der Gegend und dachte, ich sage mal hallo.»

Falls du eine Schulfrage hast (oder dir eine überlegen kannst), ruf ihn an (und notfalls hinterher noch mal jemand anders, der dir die Frage vernünftig beantworten kann). Seid ihr Freunde in einem Netzwerk? Lies seine Einträge und sieh nach, was ihm «gefällt». Sprich ihn am nächsten Tag darauf an. Besser noch: Wenn ihr gemeinsame Interessen habt, schlag vor, dass ihr etwas gemeinsam unternehmt. Aber Achtung: Wenn du es übertreibst, kann es auch ins Gegenteil umschlagen, und deine Angebetete empfindet dich als ihren persönlichen Stalker.

Kleiner Tipp! In allem, was du tust, solltest du eine Balance zwischen deinen Wünschen und einer realistischen Einschätzung der Situation finden. Das ist wahrscheinlich die erfolgreichste Methode, um ans Ziel zu kommen.

Party

Ist die Gastgeberin/der Gastgeber des Festes das Ziel deiner Begierde, so kannst du ihr/ihm einen selbstgemachten Gutschein für eine gemeinsame Unternehmung schenken. Kino, Schlittschuhfahren, egal was, wenn es nur auf Gegenliebe stößt.

Wichtig! Keinen echten Gutschein für zwei Personen kaufen (denn dann kann er/sie ja jeden mitnehmen), sondern ihn selbst mit der Hand schreiben und gestalten. Ist sowieso kreativer.

Tanzen ist sexy. Also: tanz! Auch wenn du denkst, du kannst es nicht, und dich fühlst wie zwei Elefanten.

Tipp für Jungs! Jungen, die mehr können als erstens den ganzen Abend ultralässig in der Ecke lehnen und dumm gucken oder zweitens zu Speedmetal die Tanzfläche in ein Moshpit verwandeln, als hätten sie Feuerameisen am ganzen Körper, haben größere Chancen! Also: Übe zu Hause, zivilisiert und ansehnlich zu tanzen, und trau dich am Partytag auch auf die Tanzfläche. (Es reicht übrigens völlig, wenn du zwei oder drei Nummern einigermaßen hinbekommst.)

Mach dich an den DJ ran und wünsch dir einen Song – und lass dir sagen, nach welchem Titel dein Wunsch gespielt wird. Dann gehst du kurz vor dem Ende dieser Nummer zu deinem Schwarm und forderst sie / ihn zum Tanzen auf (meist reicht es, jemanden wortlos bei der Hand zu nehmen und auf die Tanzfläche zu ziehen). Sekunden später beginnt, so ein Zufall, ein Schmusesong, aber es wäre natürlich irre unhöflich, dich sofort stehenzulassen. Also muss sie / er mit dir engtanzen. Was kannst du schon dafür? (Heh, heh! ;-))

Bleib möglichst nüchtern! Fast die Hälfte aller Jugendlichen trinkt mehrmals im Monat Alkohol. Aber betrunken kriegt man weniger mit. Dann sitzt du nur da und musst zusehen, wie jemand mit mehr Geistesgegenwart deine Wunschkandidatin anmacht.

Tanzschule

Du wirst jede Menge neue Leute kennenlernen, und in den meisten Tanzschulen ist es üblich, dass man nach jeder Runde den Partner wechselt. Und weil es ja aufgehen muss, hat auch der schüchternste Typ seine Chance!

Worauf musst du achten? Saubere Klamotten. Nichts darf verschwitzt sein. Wenn du mit dem Rad in die Tanzschule fährst, mach langsamer als sonst, komm aber rechtzeitig. Nasse Hände und Schweißgeruch sind echte Downer. Du solltest auch ein Deo benutzen. Frag einen Freund oder eine Freundin, ob dein Spray gut genug ist – wenn nicht, probier ein «Antitranspirant» aus, das die Schweißproduktion unterdrückt. (Das vertragen allerdings nicht alle.) Am besten vorher testen.

Nicht jeder ist ein Naturtalent in Sachen Rhythmus und dann dabei auch noch mit jemandem locker zu plaudern – den man vielleicht auch noch gut findet. Das kann total schwer sein. Deshalb überleg dir vorher zwei oder drei Sätze, die dich ganz gut beschreiben. «Ich heiße Ralph. Ich finde Tanzen klasse. Ich dachte mir, ich probiere es mal aus. Am liebsten tanze ich Discofox. Außerdem spiele ich Gitarre und fahre Kanu … Und du?» Worüber ihr sprechen könntet: Hobbys, Schule («Auf welche Schule gehst du?», «Auf welche Schule geht dein Tanzpartner?», «In welche Klasse?», «Ist es gut dort?»). Auch das Thema «Wetter» geht, oder Bemerkungen zur Fahrt in die Tanzschule könnten vielleicht ein interessantes Gespräch eröffnen.

Achtung! Körperkontakt beim Tanzen ist gut und richtig, aber sich am Partner festzuklammern wie eine Würgeschlange an einer Maus oder die Gelegenheit zu nutzen, um am BH-Verschluss der Partnerin herumzufummeln, ist der sichere Weg ins Aus!

Tipp für Jungs! In den meisten Tanzschulen herrscht Mädchenüberschuss. Um die Kundinnen nicht wegschicken zu müssen, werden «Gastherren» gesucht, die kostenlos einen Kurs wiederholen können. Das hat zwei Vorteile: Du lernst mehr Mädchen kennen – und die männliche «Konkurrenz» in den entsprechenden Kursen tanzt schlechter als du, sodass die Gäste stets sehr begehrte Tanzpartner abgeben. Außerdem kannst du, weil du dich nicht mehr so auf die Schritte konzentrieren musst, netter und entspannter plaudern, was immer einen guten Eindruck macht.

Kino

Kino ist klasse. Wer dieselben Filme mag, hat größere Chancen zueinanderzupassen und auf dem Hin- und

Rückweg gleich Gesprächsstoff. Wenn du weißt, was für Filme er/sie gern sieht, hast du einen guten Grund, zu fragen, ob ihr zusammen ins Kino gehen wollt. Du gehst zugleich nur ein ganz geringes Ablehnungsrisiko ein. Willst du ganz deutlich werden, kannst du für ihn/sie gleich die Karte mitbezahlen, das Popcorn spendieren – oder hinterher ein Eis. Und: Gruselige und spannende Szenen sind eine gute Gelegenheit, nach ihrer Hand zu greifen oder das Gesicht in seiner Schulter zu vergraben. Du wirst ja sehen, ob sie dir deine Hand hinterher gleich wieder in den Schoß zurückwirft – oder sie einfach wortlos weiter hält!

In jedem guten Film gibt es zudem eine romantische Liebesszene, von der man sich natürlich inspirieren lassen kann. Wer sich wenig traut, rutscht nah an den anderen heran, bis die Schultern sich berühren, und wartet, was passiert. Ganz wichtig auch: Hand auf der Armlehne liegen lassen, diese aber nicht komplett belegen, damit er seine/sie ihre Hand ganz dicht danebenlegen kann – schließlich ist wenig Platz.

Wenn's im Kino noch nicht zu Hautkontakt gekommen ist, dann kannst du auch (aber dafür braucht man schon etwas Mut) auf dem Rückweg eine der Szenen nachspielen: «Ich fand's toll, wie er plötzlich ihre Hand genommen hat» (und dabei nimmst du seine/ihre Hand), «... wie sie sich an ihn geklammert hat» (und du packst ihn/sie am Arm und lässt erst mal nicht wieder los).

Nach einem gemeinsamen Kinonachmittag kannst du auch gut vorschlagen, noch schnell gemeinsam Hausaufgaben zu machen oder etwa am nächsten Tag den ersten Teil einer zum Film passenden Serie bei dir auf DVD zu gucken (den du dann eben notfalls bis dann besorgen musst).

Schwimmbad

Wenn jemand dich fragt, ob du mit zum Schwimmen kommst, kannst du sehr sicher davon ausgehen, dass er/sie dich nett findet. Schwimmen gehen ist – weil man fast nichts anhat – eine fast intime Angelegenheit. Wenn eine Gruppe von Jungen mit mehreren Mädchen schwimmen geht (oder umgekehrt), gehen die Pärchen normalerweise wenigstens rechnerisch auf. Jeder Junge hat also wohl ein Mädchen vorgeschlagen, das er gern mitnehmen oder näher kennenlernen würde. Probier vorher aus, ob dein Badezeug noch passt und nicht zu schäbig aussieht. Wenn du tatsächlich einigermaßen schwimmen kannst, schadet das übrigens auch nicht.

Tipp für Jungs! Bitte nicht entgeistert, fasziniert oder einfach auch nur zu lange auf nasse Badeanzüge starren. Mädchen mögen es nicht sonderlich, wenn ihre Brüste gnadenlos angeglotzt werden.

Und wo wir schon dabei sind: Nicht nur im Schwimmbad, auch beim Einkaufen, in der Schule oder wenn man zum ersten Mal das Mädchen seiner Träume küsst, möchte man eine unerwünschte Körperreaktion am liebsten verstecken! Nichts leichter als das: Wenn man im Sitzen von einer Erektion überrascht wird, ist das Beste, was man tun kann: Sitzen bleiben. Ja, auch in der Schule. Gibt es keinen Tisch, der einem Deckung gibt, heißt die Devise: Entspannt nach vorne lehnen. Jede peinliche Beule lässt sich so einfach verbergen. Aber ebenso die Beine zu überkreuzen hilft. Doch auch ohne Sitzgelegenheit lässt sich eine Erektion lässig durchstehen: Ist das Bein angewinkelt, sollte der Penis parallel zum Oberschenkel liegen – äh, stehen –, und die Erektion wird für nichtsahnende Betrachter nahezu unsichtbar. Hat man einen kurzen Moment für sich allein, ohne dass jemand einen beobachtet, dann muss man schnell handeln, wobei die Betonung klar auf Hand liegt: Den Penis mit einem Griff unter Hosenbund und Gürtel stecken. Das ist ein beliebter und effektiver Trick, der natürlich nur funktioniert, wenn man eine Hose anhat (und nicht nur eine Badehose).

Anziehsachen sind sowieso immer sehr hilfreich: Wer öfter von Erektionen überrascht wird, sollte darüber nachdenken, längere T-Shirts oder Hemden zu tragen. Stoff verdeckt vieles, auch Beulen. Auch die Art der Hose kann den Grad der Peinlichkeit wachsen lassen – vor allem, wenn andere Sachen größer werden, gilt: In engen Jeans oder einer knappen Badehose zeichnet sich alles ab. Wirklich alles. Deshalb besser weite Hosen oder Schwimmshorts tragen. Aber: Das lässt dem Penis Platz nach oben, und er wird nicht auf halbem Weg dorthin vom Stoff der Hose aufgehalten. Wenn das nämlich passiert, ist die Beule in der Hose viel, viel größer. Oft hilft auch die Flucht nach vorn. Ein ganz feiner Trick bei besonders dicken Ausbuchtungen in der Hose: Hände in die Tasche. So wirkt es, als wäre nicht freudige Aufregung die Ursache für die Beule, sondern die Faust. Alternativ lässt sich natürlich auch prima eine kleine Flasche in die Hosentasche stecken. Hat dieselbe Wirkung.

Beide Methoden haben außerdem den großen Vorteil, dem aufstrebenden Penis genug Platz zu schaffen, damit er ungehindert seinen Mann stehen kann. Und wer eine Umhängetasche trägt, kann die im entscheidenden Moment nach vorn ziehen – und so noch ein bisschen Zeit gewinnen, darüber nachzudenken, wie er die Erektion am schnellsten wieder loswird. Zum Beispiel, indem du dich auf etwas richtig Blödes konzentrierst, auf deinen «Lieblings»-Lehrer oder den schrecklichen Abstieg deines Lieblingsfußballclubs.

Zu zweit allein zu Haus

Das erste Date steht bevor. Wunderbar. Wundert euch nicht, dass wir ein eigentlich nebensächliches Problem jetzt hier sofort an dieser Stelle ansprechen. Pickel. Die Erfahrung zeigt es einfach: Es ist wie verhext. Man kann schlicht und ergreifend darauf wetten, dass auch die Pickel nach der Verabredung nicht lange auf sich warten lassen. Typisch! Darum: Was hilft wirklich dagegen?

Am besten wäschst du deine Haut ein- bis höchstens zweimal am Tag mit pH-neutraler Seife, die möglichst unparfümiert ist. Mitesser und Pickel nicht ausdrücken oder notfalls nur mit frisch gewaschenen Händen und mithilfe eines sauberen Papiertaschentuchs. Besser: Besuch bei einer Kosmetikerin – egal, ob Junge oder Mädchen. Die kann einem dann auch am besten erklären, wie man mit den verschiedenen Pickeln richtig umgehen soll. Befallene Haut nach dem Sport mit klarem Wasser waschen, statt mitsamt Schweiß einfach trocknen zu lassen. Zinksalbe hilft ebenfalls – einfache Varianten gibt's in Drogerie und Apotheke, sonst beim Hautarzt. Bei manchen Jugendlichen helfen auch die Pickelcremes und Reinigungsflüssigkeiten aus der Drogerie oder Apotheke, bei anderen trocknen diese die Haut zu stark aus – bei Interesse ausprobieren. Auch wenn Schokolade nicht direkt zu Pickeln verarbeitet wird, so ist eine gesunde Ernährung doch gut für die Haut: mehr Obst und Gemüse und gegebenenfalls mit dem Rauchen aufzuhören kann auf keinen Fall schaden. Jungen, die sich rasieren, sollten zudem darauf achten, dabei möglichst wenige Pickel zu verletzen. Und besser einen Trockenrasierer verwenden. Und wenn du eine schnelle Lösung brauchst? Etwas Abdeckcreme – notfalls deine Mutter oder deine Schwester fragen – und dann dein Date einfach genießen. So ein blöder Pickel kann dir doch nicht den Tag verderben!

Und bei der Gelegenheit: Ein wenig Parfüm kann beim Date ganz schön und durchaus verführerisch sein, ebenso wie ein wenig Aftershave. (Aftershave: Einmal Flasche in die Handfläche stippen pro Seite. Eau de Toilette: Ein Sprühstoß reicht!) Jede Menge Parfüm und Aftershave, und schlimmstenfalls noch zwei unterschiedliche Duftnoten, sind jedoch eher abschreckend.

Und nicht zuletzt! Geh die Sache einfach entspannt an, das entlastet den Hormonhaushalt und hat mehr Einfluss auf den Zustand der Haut, als man allgemein denkt. Und dann kann es losgehen mit dem ersten Treffen.

Was zu zweit gut geht

- Gerade kommt *Teetrinken* wieder in Mode. Wenn du also mit jemandem verabredet bist, den du magst, kannst du z. B. ein kleines Päckchen Tee kaufen und mitbringen. Das zeigt deutlich, dass du die Beziehung und den Besuch als etwas Besonderes ansiehst, und zugleich gibt es euch etwas zu tun und ein Gesprächsthema.
- *Brettspiele* sind auch nicht schlecht, um das Eis zu brechen – im Verlauf des Spiels bieten sich garantiert Gelegenheiten für witzige Bemerkungen oder «zufällige» Berührungen.
- *DVD gucken.* Dann muss man erst mal nicht viel reden und hat später ein unverfängliches Thema.
- *Musik hören.* Ist ein bisschen riskant, weil Jungs dazu neigen, ihr Wissen über die Markendrums des Ersatztrommlers auf der letzten Neuseeland-Tournee auszubreiten, und nur wenige Mädchen es spannend finden, eine ganze CD mit angehaltenem Atem durchzuhören.

- *Schularbeiten gemeinsam machen.* Klingt ätzend, ist aber eine der besten Möglichkeiten, sich kennenzulernen und näherzukommen. Der perfekte Grund, sich zu verabreden. (Wahlweise: «Hast du das auch nicht verstanden? Wollen wir es uns mal zusammen ansehen?» oder «Du kannst das doch! Bringst du es mir bei?»)
- Es kann ganz angenehm sein, nach zwei oder drei Stunden mal rauszukommen. Überleg dir vorher, was man bei dir in der Nähe gut unternehmen kann – ein Eis aus dem Supermarkt, auf dem Blumenkübel davor in der Sonne gegessen, reicht völlig.

Eisessen und Kaffeetrinken

Du stehst plötzlich neben deinem Schwarm an der Eistheke, im Café oder an der Popcorntheke im Kino? Nutz deine Chance! (Stehst du vorn und jemand ist zwischen euch? Sei höflich und lass ihn vor, damit ihr dann nebeneinandersteht.) Auf jeden Fall kannst du in der Schlange locker mit ihr plaudern, alles andere wäre ja richtig unhöflich.

Gute Themen: Der Film, den ihr gleich sehen werdet, das Wetter, die Frage danach, was sie/er bestellen will. Es kann ganz charmant sein, wenn du für jemanden mitbestellst. Das muss nicht unbedingt heißen, dass du den anderen auch gleich einlädst – aber eine Einladung ist natürlich sehr nett und zeigt auf sympathische Art dein Interesse. Frag am besten: «Darf ich dich einladen?» oder «Ist es okay, wenn ich für uns beide bezahle?» Sei nicht eingeschnappt, wenn die/der andere spontan ablehnt – versuch es bei nächster Gelegenheit einfach noch mal. (Nach zweimaligem Nein ist dann aber auch Schluss.)

Sich mit jemandem aktiv zum Eisessen zu verabreden – bzw. jemanden zum Kaffeetrinken einzuladen –, ist bereits Flirten für Fortgeschrittene. Leichter geht's, wenn ihr in einer Clique seid, denselben Heimweg habt oder dieselbe Tanzschule besucht. Dann kann man in der Gruppe losziehen und trinkt dann eben seine Cola extra langsam oder holt sich noch eine Extrakugel Eis, um mit dem Ziel des eigenen Interesses allein zu bleiben, während die anderen schon weiterziehen.

Tipp für Jungs! Wenn ein Mädchen den Rest der Gruppe gehen lässt und allein mit dir zurückbleibt, ist das für sie wahrscheinlich ungefähr so, als stünde sie auf dem Schuldach und riefe laut: «Ich mag dich!» (Es kann allerdings auch sein, dass sie einfach nur sehr, sehr langsam Eis isst oder Cola trinkt.) Übersieh dieses Signal nicht! Du kannst recht einfach testen, ob sie wirklich deinetwegen geblieben ist: Setz dich ganz eng neben sie, rück dicht an sie heran. Bleibt sie sitzen, gutes Zeichen. Rückt sie weg, schlechtes.

Tipp für Mädchen! Wenn du ihn wirklich magst, lass dich ruhig einladen. Du kannst ja beim nächsten Mal zahlen. Und (siehe «Tipp für Jungs») mach ganz deutlich, dass du seinetwegen da bist. «Ich find's schön, dass wir uns mal in Ruhe ganz allein unterhalten können» sollte reichen.

Chats und Netzwerke

Nur weil dir Rafael aus der Zehnten heute die Tür zur Pausenhalle aufgehalten hast, solltest du deinen Beziehungsstatus nicht gleich auf «in einer Beziehung» setzen. Allerhöchstens auf «es ist kompliziert». Überhaupt solltest du dein Herz online nicht unbedingt ausschütten, sondern lieber mit einer guten Freundin Tee trinken (oder mit einem Freund die Spielekonsole herausholen und dabei reden), denn leider gehen die emotionalen Ausbrüche von jetzt nie wieder weg, oder es ist zumindest verdammt schwer, sie zu löschen. Und man kann auch nicht sonderlich gut kontrollieren, wer was liest oder weiterleitet.

Bereits in den Anfängen des Internets haben wir von einem Profi den guten Rat bekommen: Schreib nichts in eine E-Mail oder auf ein Board, das nicht auch auf der Titelseite einer Tageszeitung stehen könnte. Der Tipp ist heute gültiger denn je und gilt natürlich insbesondere für Fotos! Poste niemals etwas über andere Leute ohne deren Einverständnis.

77 Prozent aller Jugendlichen sind in Communitys angemeldet, bei den Sechzehn- bis Achtzehnjährigen sind es sogar 93 Prozent. Doch jeder Vierte nutzt die Datenschutzmöglichkeiten noch nicht ausreichend! Gib entweder in eine Suchmaschine den Namen des von dir genutzten Netzwerks plus «Datenschutz» ein, dann wirst du einige entsprechende Hinweisseiten angezeigt bekommen. Und/oder du überprüfst in den Einstellungen, wer welche Infos, Bilder, Daten etc. sehen kann.

So spannend es sein kann, jemanden online kennenzulernen – egal, ob bei einem Chat oder in einem Netzwerk: Man kann nie wissen, wie der andere wirklich ist und ob er nicht vielleicht alles nur erfindet. Deshalb triff dich nie allein mit einer Onlinebekanntschaft! Nimm auf jeden Fall eine Freundin mit und wähle einen öffentlichen Ort (lieber ein Café als ein dunkles Kino). Sprich vorher mit deinen Eltern. Wenn du das auf keinen Fall willst, dann rede mit einem anderen Erwachsenen, etwa mit den Eltern einer Freundin oder eines Freundes, die du dann bitten kannst mitzukommen. Das mag spießig klingen, aber leider sind ein paar solcher Treffen schon tödlich ausgegangen. Für Mädchen wie für Jungs.

Lästere online nicht über deine Mitschüler! Auch gemeinschaftlich einen Klassenkameraden im Internet zu bedrohen oder zu beleidigen, ist kein Kavaliersdelikt. Man nennt das auch Cybermobbing – und das ist mitunter strafbar. Du solltest auch nirgends Schlechtes über deine Lehrer posten, wie geschickt du in der Arbeit abgeschrieben oder wo du dein Referat heruntergeladen hast – es klingt verrückt, aber Eltern und Lehrer haben auch Computer. Übrigens ist es gerade bei einer Onlinebekanntschaft völlig okay, einen Kontakt schlicht abzubrechen. Jedes sechste Mädchen wurde im Internet schon einmal sexuell belästigt, das sind knapp 20 Prozent; bei den Jungen sind es immerhin noch 3 Prozent. Lass dir das nicht gefallen!

Generell gilt: Je mehr du du selbst bist und bleibst, desto größer sind deine Erfolgschancen. Wobei es natürlich hilft, kein kompletter Unsympath zu sein (womit wir wieder mal beim Werwolf wären). Vorzuspielen, Sachen zu mögen, die du in Wahrheit doof findest, kann dich unnatürlich wirken lassen. Und was nützt es dir, wenn vielleicht irgendwer auf deine Schummel-Show reinfällt, du aber dann mit einem Freund oder einer Freundin dasitzt, der dich für etwas mag, was in Wahrheit gar nicht zu deinem Charakter gehört? «Jedes Töpfchen hat sein Deckelchen» lautet ein altmodisches Sprichwort, will sagen: Für jeden gibt es irgendeinen, der *gut* passt.

PIERCINGS UND TATTOOS: WAS IST ERLAUBT, WAS IST VERBOTEN?

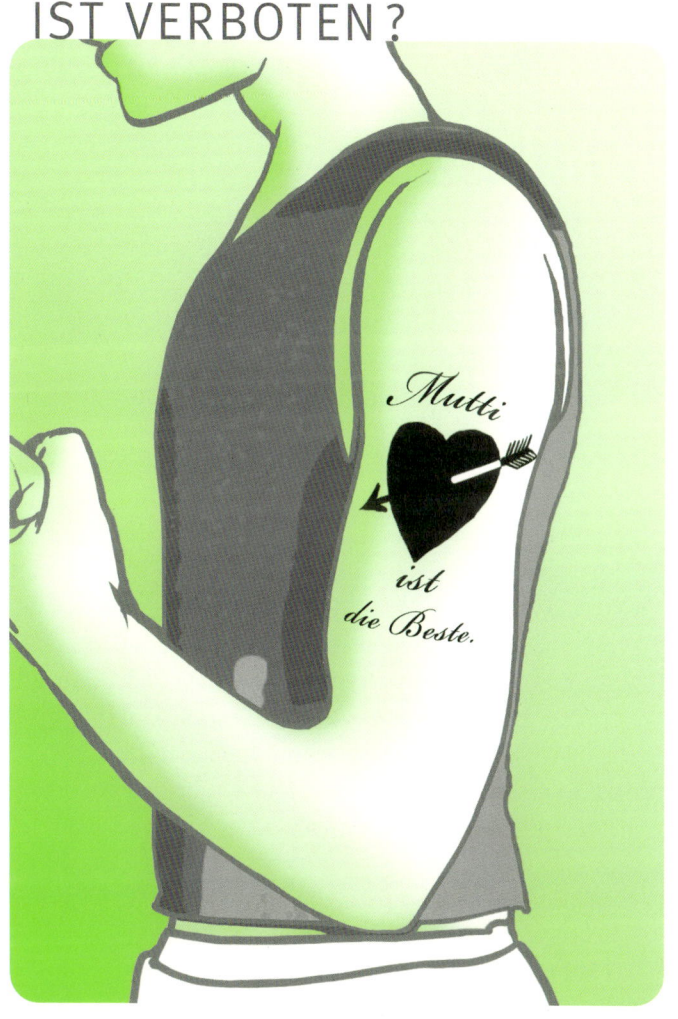

Viele junge Menschen wünschen sich ein Piercing oder eine Tätowierung. Viele ältere Menschen (auch Eltern genannt) sind dagegen. Oft aus gutem Grund, aber manchmal besteht durchaus Verhandlungsspielraum.

Tätowierungen und Piercings (auch Ohrlöcher) gelten rechtlich als «mutwillige Körperverletzung». Mutwillig heißt «absichtlich», und das stimmt ja auch – man bohrt ja niemandem zufällig einen Ring in die Augenbraue oder stichelt ihm aus Versehen einen Adler auf den Rücken. Erst wenn man volljährig ist, darf man sich selbst eine solche Körperverletzung genehmigen – dann geht der Piercer oder Tätowierer straffrei aus. Vorher ist die Erlaubnis der Eltern erforderlich. Wenn die fehlt, fangen seriöse Piercer gar nicht erst an. Die meisten Tattoo- und Piercingstudios verlangen, dass ihre Kunden mindestens 16 Jahre alt sind. Bei jüngeren Menschen ist es grundsätzlich so, dass die Eltern zwar ihre Erlaubnis geben können. Aber wenn jemand sie anzeigt, dann wird ermittelt. Der Tätowierer kommt dann unter Umständen ungeschoren davon. Aber die Eltern können richtig Ärger kriegen, zum Beispiel mit dem Jugendgericht oder dem Jugendamt. Das hängt natürlich auch davon ab, worum es im Einzelfall geht. Ein Bauchnabelpiercing ist in den Augen der meisten Richter harmloser als ein Ganzkörpertattoo, bei dem sich die Schlangen noch seitlich am Hals durch die Augenhöhlen der Totenschädel schlängeln.

Natürlich gibt es Studios, die das Ganze etwas lässiger sehen und ohne Genehmigung losstechen. Das mag auf den ersten Blick cool wirken. Ist es aber nicht. Denn wer es mit den Gesetzen nicht so genau nimmt, der achtet vermutlich auch nicht ausreichend auf Sauberkeit. Aber Hygiene ist entscheidend. Denn sind die Nadeln und Instrumente nicht klinisch rein, kann man sich Entzündungen holen und Krankheiten wie Hepatitis oder Aids.

Nicht ganz unwichtig ist auch, wie gut sich jemand auskennt. Auf den Knopf der Ohrlochstechmaschine zu drücken ist scheinbar nicht wirklich schwierig. Schießt man aber daneben, kann es zu schmerzhaften Verletzungen kommen. Einige Bekannte haben uns schon Fotos gezeigt von ihren entzündeten Piercings in Augenbrauen, Bauchnabel, Lippe, Zunge – und an noch viel empfindlicheren Orten. Deshalb raten wir allen, sich sehr genau zu informieren. Und am besten jemanden dabeizuhaben, der es gut mit einem meint. Denn dem Inhaber vom Tattoostudio ist es im schlimmsten Fall total egal, ob seinen Kunden nach dem Zahlen die Zunge dick schwillt. Eltern werden immer darauf drängen, alles ganz genau zu prüfen.

Manche Leute betrinken sich auch (damit sie den Schmerz nicht so merken), kühlen ihr Ohrläppchen mit Eis und stechen sich mit einer Sicherheitsnadel selbst ein Loch hinein. Erstens geht das fast immer schief, zweitens tut es trotz allem saumäßig weh, und drittens entzündet es sich höchstwahrscheinlich. Mit etwas Glück heilt alles zu und fühlt sich nur noch zwischen den Fingern ganz komisch knorpelig an. Das ist ziemlich viel Stress, nur um «dazuzugehören» und die Eltern zu schocken.

Außerdem ist es oft so, dass man manche Sachen richtig super findet und unbedingt haben muss – ein Jahr später aber denkt man sich: Äh, wie doof! So kann es auch mit einem Piercing oder Tattoo gehen. Bloß kriegt man das nicht so leicht wieder weg wie blaue Haare. Deshalb: Lieber ein wenig warten. Wenn es wirklich fürs ganze Leben sein soll, reicht es auch mit achtzehn. Danach bleiben einem ja hoffentlich noch ein paar Jahre …

KEINER MAG MICH –
WAS KANN ICH
DAGEGEN TUN?

Die Amerikaner haben sogar ein Fachwort für dieses Gefühl (und eigenartigerweise ist es dem Deutschen entlehnt): «Teenage Angst» (gesprochen: «tienäidsch ängst») heißt der düstere Mix aus wildem emotionalem Auf und Ab in Kombination mit (gefühltem oder tatsächlichem) elterlichem Unverständnis und einer ordentlichen Portion Schulstress.

Was kannst du dagegen tun? Vor allem: durchhalten! Es gibt für alles ein erstes Mal, auch für Gefühle und Situationen. Schule wird immer anstrengender, vor allem dann, wenn man vielleicht eine Zeit lang nicht so irre gut aufgepasst hat. Außerdem weißt du sicher ganz genau, wie viel von guten Noten abhängt. Auch wenn du vielleicht gern hättest, dass es anders wäre, und sogar so tust, als ob dir Schule und Zensuren total egal wären, ist letztlich doch klar, dass das nicht stimmt. Das alles stresst. Ebenso wie die Frage, ob du ein guter Mensch bist, an welche Werte und Ideen du glaubst, was du in deiner Freizeit am besten machen solltest, wie deine Freunde dich finden ... Und dazu noch diese Eltern, die immer nur blöde Fragen stellen, alles Mögliche wissen wollen und doch nichts verstehen, aber auch gar nichts!

Das allein reicht schon, um morgens lieber den Kopf unter die Decke stecken zu wollen, statt aufzustehen. Dazu kommt bei fast allen Teenagern manchmal eine unerklärliche, tiefe Trauer, die einen schrecklich einsam macht. Manche schämen sich dafür und verbergen sie, andere scheinen sich in diesem Gefühl vollkommen zu verlieren, tragen nur noch Schwarz und denken an den Tod. Eltern versuchen meist, diese Düsternis zu verleugnen. Ihnen macht es Angst, wenn ihr Kind vom Tod spricht oder schrecklich traurig ist. Sie würden gern helfen, wissen aber auch nicht, wie. Also schlagen sie vor, dass du etwas anderes tun sollst, um dich abzulenken – Sport, Freunde treffen, Fernsehen gucken, egal. Außerdem ist für Eltern häufig auch unangenehm, an ihre eigene dunkle Phase in der Jugendzeit zurückzudenken, in der sie sich ganz allein und verlassen gefühlt haben. Viele von ihnen wollen die Erinnerung an ihren Blues einfach nur verdrängen. Oder sie denken vielleicht auch, sie hätten etwas falsch gemacht, wenn du dich nicht gut fühlst. Zwei Dinge helfen da ein wenig, aber das ist immerhin besser als nichts:

- *Einfach nur beisammen sein*, mit Freunden, aber auch mit Familienmitgliedern. Nicht immer nur mit einer einzigen Person, das ist dann nur Einsamkeit zu zweit, sondern mit unterschiedlichen Menschen.
- *Bewegung und Sonnenlicht* weisen düstere Gedanken zumindest ein wenig in die Schranken. Es muss kein kilometerlanger Waldlauf sein, aber geh an einem sonnigen Nachmittag zu Fuß zu Freunden, oder fahr mit dem Rad, statt mit dem Bus oder dem Elterntaxi (oder statt einfach zu Hause vor der Glotze sitzen zu bleiben).

Häufig fällt in diese Entwicklungsphase auch die intensive Beschäftigung mit Computer- und Konsolenspielen, TV-Serien, Klamotten, Make-up, Gewicht und Aussehen. Eltern bezeichnen dies oft als «Sucht». Tatsächlich besteht die Gefahr, ein Suchtverhalten zu entwickeln – aber gerade für die eigenen Eltern ist es nicht immer leicht, das bei ihren Kindern einzuschätzen. Eine Sucht muss nicht immer Drogen- oder Alkoholkonsum bezeichnen, man kann auch nach Spielen, Chatten, Kaufen, Klauen oder sonst was süchtig sein. Man sagt, es gibt «stoffgebundene» und «stoffungebundene» Süchte. Immer dann, wenn du dir nicht mehr vorstellen kannst, ohne das Verhalten auszukommen, weil es zu einer Art Stütze oder Krücke im Alltag geworden ist, wird es gefährlich.

Bei den meisten Jugendlichen ist das jedoch nicht der Fall. Wenn das ein Streitthema mit deinen Eltern ist: Schlag ihnen vor, die Eltern eines Freundes oder einer Freundin zu fragen. Es ist immer leichter, die Kinder anderer einigermaßen richtig zu beurteilen als die eigenen. Oder biete an, wenn das möglich ist, zu beweisen, dass du auch «ohne» auskommst – also eine Woche ganz ohne Computer und Computerspiele, ohne Handy, ohne Schminke …

Der Blues und die intensive Beschäftigung mit einem nicht unbedingt schulisch relevanten Thema, das aber für einen selbst große Bedeutung hat, gehen oft einher mit einem Gefühl großer Einsamkeit. Man kann sich eben auch sehr allein fühlen, wenn man ständig von anderen Leuten umgeben ist.

Und was kannst du tun, wenn du auch die Empfindung hast, keine richtigen Freunde zu haben? Such dir einfach andere – und zwar echte! Mach Sachen, die dich wenigstens einigermaßen interessieren, egal ob du auf eine LAN-Party gehst, zum Treffen der Jugendorganisation einer Partei, zu einer Umweltschutzgruppe, zum Sport oder zu den Pfadfindern. Wenn du nicht wenigstens einen wirklich guten, zuverlässigen Freund hast, geh mindestens einmal die Woche irgendwohin (außer in die Schule), bis du dort nette Leute findest.

Stur sein. Mit dem Kopf durch die Wand wollen. Schon mal gehört? Genau die Eigenschaft, die deine Eltern wahrscheinlich so nervt, wird dir helfen, Anschluss zu finden.

ELTERN:
WAS SIE WOLLEN UND
WOZU SIE GUT SIND

In esoterischen Kreisen wird gesagt, dass man sich seine Eltern vor der Geburt irgendwie ausgesucht habe, weil man eben genau die brauche. Zwar weiß keiner, wie das genau gehen soll, aber vielleicht ist ja tatsächlich etwas dran. Allerdings gibt es leider auch viele Beispiele dafür, dass eine bestimmte Eltern-Kind-Kombination gar nicht gut passt. Aber ob nun ausgesucht, verurteilt zu oder wie auch immer – in den allermeisten Fällen gibt es eine kurze Zeit (die allerdings gefühlte 2000 Jahre lang ist), in der sich Kinder und Eltern ... sagen wir mal: nicht ganz optimal verstehen.

Wir kennen keinen Jugendlichen, der sich zumindest eine Weile lang nicht gewünscht hätte, andere Eltern zu haben: vielleicht die der besten Freundin oder doch lieber die des arroganten Typen, der immer legendäre Partys schmeißt, wenn seine Eltern mal wieder für zwei Monate auf Mallorca weilen. Eigenartig nur, dass genau diese anderen ebenfalls gern tauschen würden – und notfalls auch deine Eltern nähmen. Hauptsache, nicht ihre!

Wir vermuten, das Problem liegt darin, dass man sich einfach zu gut kennt. Deine Eltern sind für dich eher Geldautomaten und Kühlschrankbefüller als richtige Menschen. Und du bist für sie vielleicht immer noch der naseweise Neunjährige, der vor lauter Neugierde auch mal, ohne zu gucken, über den Zebrastreifen rennt. Außerdem besteht eure Aufgabe nun einmal darin, euch aneinander und miteinander weiterzuentwickeln. Den Eltern deiner Freunde ist es ziemlich egal, ob du ordentliche Tischmanieren hast oder gute Noten. Solange du keinen allzu großen Dreck und Lärm bei ihnen im Haus machst, ist es einfacher, dich (oder zumindest deine schlechten Eigenschaften) zu ignorieren als dich zu erziehen.

Deine eigenen Eltern aber scheinen nur damit beschäftigt zu sein, sinnlose Regeln aufzustellen und an dir rumzunörgeln: «Steh gerade, setz deine Zahnspange rein, iss ordentlich, hast du schon deine Hausaufgaben gemacht?, wasch dir die Hände, hast du schon für die Arbeit übermorgen gelernt?, komm nicht so spät nach Hause, ist mir egal, ob alle so eine Jeans haben, was ist denn jetzt mit den Hausaufgaben?!» Viel zu selten sagen die Eltern: «Toll gemacht, ich bin stolz auf dich» – und wenn sie es sagen, fühlt es sich für einen selbst auch komisch an. Man kann es nicht glauben und fühlt sich noch veräppelt.

Irgendwo muss man ja schließlich auch lernen, wie man miteinander umgehen kann – und wie besser nicht. Auch dafür ist das Elternhaus gut geeignet, und am besten ist es noch mit (lästigen) Geschwistern bevölkert. Denn weil man auch verwandt bleibt, wenn man sich gerade scheiße findet, kann man auch mal erfahren, wie weit zu weit war. Das ist für alle Beteiligten anstrengend, aber letztlich nützlich.

Kleiner Tipp zum gegenseitigen Verständnis! Eltern sind auch nur Menschen. Sie schlafen schlecht, haben vielleicht Liebeskummer oder Stress im Job, Hunger oder schlechte Laune. Obwohl du wahrscheinlich das Gefühl hast, sie hätten nichts anderes im Sinn als dich zu nerven, ist das wirklich nur ganz, ganz selten der Fall. Eltern sein ist ein bisschen wie Jonglieren: sieht leicht aus, ist aber gar nicht so einfach.

Wenn dich also was ärgert oder du eine Entscheidung ungerecht oder unsinnig findest, dann lohnt es sich, ruhig zu bleiben (statt zu schreien, zu weinen, mit den Türen zu knallen) und eine Stunde oder einen Tag später möglichst freundlich zu erklären, warum du die Sache anders siehst und was du als Lösung vorschlägst. Die meisten Eltern wollen nämlich zwar sehr wohl «dein

Bestes», aber sie wollen auch ihr Bestes und hätten auch gern ihre Ruhe. Deswegen fallen Entscheidungen auch einfach so zack, zack zwischen Tür und Angel, aber wenn du deutlich machen kannst, dass es auch anders geht, sind sie meist durchaus verhandlungsbereit.

Um das hinzubekommen, muss man verstehen, warum wir so ärgerlich und gestresst aufeinander reagieren. Eltern und Kinder (und im Übrigen auch Eltern untereinander oder Eltern und Großeltern, die ja wiederum Eltern und Kinder sind) schaffen es sehr wohl ganz geschickt, bei anderen die richtigen «Knöpfe» zu drücken, um sie in den Wahnsinn zu treiben. Das gilt übrigens auch für Geschwister. Oder kennst du jemanden, der dich so schnell so wütend machen kann wie deine Schwester oder dein Bruder? Das liegt daran, dass alle Beteiligten seit über zehn Jahren ganz genau gelernt haben, wer welche Schwachstellen hat. Und natürlich versucht man instinktiv, diese auszunutzen.

Dazu kommt, dass sich die Machtverhältnisse verschieben. Kinder können und dürfen erst mal ziemlich wenig bestimmen. Jugendliche wollen viel mehr mitreden – und im Grunde sollen sie das ja auch, z. B. erhalten sie ja in der Schule mittlerweile viel mehr Verantwortung als früher. Ganz bewusst. Da ist es nur logisch, dass man zu Hause auch mal ausprobieren und zeigen will, über wie viel Macht man eigentlich verfügt. Und es fühlt sich durchaus auch richtig toll an, wenn man so starken Einfluss auf einen Erwachsenen hat, dass der vor Wut unter der Zimmerdecke klebt.

Wachsende Verantwortung und zunehmende Eigenständigkeit sind toll, und es wird kaum Eltern geben, die dagegen sind, wenn du die auch einsetzt. Dennoch muss man immer wieder neu aushandeln, wer wann was entscheidet. Diese Veränderungen gehen selten leicht und einfach vonstatten. Nicht nur wissen also deine Eltern fast ganz automatisch, wie sie dich am besten nerven – du weißt das umgekehrt ganz genauso.

Was dagegen hilft? Möglichst respektvoll miteinander umzugehen – gerade dann, wenn es einem besonders schwerfällt oder auch wenn es dein Gegenüber nicht ausreichend überzeugt. Sich zwischendurch mal abholen, dass die Eltern einen mögen, lieben, gernhaben. Sachen zusammen machen, an denen alle Spaß haben (z. B. ins Kino gehen) – es sollten nicht immer nur Pflichtarbeiten wie Rasenmähen und Unkrautzupfen sein, die die Familie zusammenführen. Sich zu überlegen, warum deine Eltern eine in deinen Augen besonders idiotische Regel erlassen haben, und ihnen dann in aller Ruhe einen Gegenvorschlag machen, der besser zum selben Ziel führt. Wenn du überhaupt nicht verstehst, warum etwas verboten oder vorgeschrieben wird, dann frag ruhig nach. Nur sprechenden Menschen kann geholfen werden. Die Latte, an der alle Eltern sich messen lassen müssen, ist, das Beste für ihre Kinder zu wollen (wobei das leider nicht immer heißt, dass die Kinder das auch wollen oder dass es wirklich das Beste für sie ist).

Nehmen wir mal an, deine Eltern wollen nicht, dass du auf die für dich entscheidende, wichtige Party gehst, die in der kommenden Woche stattfinden wird. Du kannst dich nach der Abfuhr heulend in deinem Zimmer einschließen und die nächsten drei Wochen nicht mit ihnen reden. Das ändert nur leider nichts. Erfolgversprechender ist es, sich zu überlegen, warum sie dich nicht gehen lassen wollen. Auch wenn du vielleicht das Gefühl hast, der wahre Grund wäre, dass sie dich hassen, so gibt es in Wirklichkeit wahrscheinlich ein anderes Motiv. Beispielsweise kann es sein, dass sie befürchten, auf der Party würde Alkohol getrunken werden, und sie wollen nicht, dass du etwas trinkst. Oder sie sind besorgt, weil sich deine Noten verschlechtert haben, und wollen dich vielleicht dazu bewegen, dich mehr auf die Schule zu konzentrieren und mehr zu lernen. Oder sie möchten, dass du genug Zeit für deine Aufgaben hast. Es kann auch sein, dass sie denken, jemand würde versuchen, dich zu küssen oder zu begrapschen, und sie halten dich noch für zu jung dafür, um so was selbstbewusst zu entscheiden (diese Sorgen treten häufig vor allem dann auf, wenn die Eltern des Feiernden nicht im Haus sein werden). Das Verbot kann also sehr unterschiedliche Ursachen haben. Möglicherweise war auch deine Mutter oder dein Vater in deinem Alter selbst auf einer Party, wo etwas schiefgelaufen ist, und er oder sie will dir diese Erfahrung ersparen.

Was kannst du nun tun? Wenn du weißt, warum sie dich nicht gehen lassen wollen, kannst du dir ein solides Gegenargument überlegen. («Aber alle anderen dürfen da hin!» und «Dann bring ich mich um!» zählen nicht dazu. Darauf antworten alle Eltern mit: «Und wenn alle aus dem Fenster springen, machst du das auch, oder wie?») Wenn du nicht weißt, warum sie dir die Party verbieten, solltest du es also erst herausfinden – frag sie einfach, warum sie dich nicht hingehen lassen wollen.

Sorgen sie sich um deine Noten, kannst du etwa anbieten, dass du eine Woche lang jeden Tag direkt nach der Schule deine Hausaufgaben machst und ihnen zeigst, dass ihre Bedenken unbegründet sind (so demonstrierst du, dass du ihre Sorgen auch ernst nimmst). Haben sie Befürchtungen wegen Alkohol, Drogen oder Sex, kannst du ihnen *erstens* deine Position und Haltung dazu erklären (Eltern unterschätzen meist das Wissen ihrer Kinder), und du kannst bei dieser Gelegenheit zeigen, dass du in der Lage bist, eigenständig vernünftige Entscheidungen zu treffen. *Zweitens* kannst du ihnen anbieten, dass sie mit den Eltern desjenigen sprechen, der die Party veranstaltet (denn diese Eltern wollen ganz sicher auch nicht, dass bei ihnen im Keller eine Drogen-Sex-Orgie stattfindet). Wollen sie dich bestrafen für etwas, dann kannst du zumindest versuchen darzulegen, dass speziell diese Strafe wirklich zu streng ist, und deinerseits etwas anderes vorschlagen (das dann aber natürlich auch angemessen unangenehm sein muss).

Denk daran: Die meisten Probleme lassen sich durch Kompromisse lösen. Zum Beispiel, indem du nach 20 Uhr keine laute Musik mehr hörst oder dich bereit erklärst, den Samstagnachmittag mit der Familie zu verbringen. Wichtig vor allem: Wenn ihr euch dann auf etwas geeinigt habt (z. B. die Zeit, zu der du von einer Party zurückkehren sollst), musst du dich auch daran halten, sonst hast du beim nächsten Mal schlechte Karten. Wenn du ein Handy hast und deine Eltern rufen an: Geh ran (oder ruf zurück).

Übrigens: Deine neue «Lust auf Leben» spüren auch Leute, die es nicht gut mit dir meinen und dich vielleicht ausnutzen wollen. Obwohl Eltern also vielleicht manchmal etwas überbeschützend wirken, kann an ihren Bedenken doch etwas dran sein. So eigenartig das klingt: Je mehr Verständnis du für deine Eltern aufbringst, desto mehr Verständnis werden sie ganz automatisch für dich haben, ob sie wollen oder nicht.

Der amerikanische Stressabbau-Experte Jon Kabat-Zinn hat ein Buch für Eltern geschrieben, das «Mit Kindern wachsen» heißt und in dem er ihnen rät, alle Probleme und Aufgaben der Kindererziehung als meditative Übung zu betrachten, also als eine Gelegenheit, ein bestimmtes Problem genau wahrzunehmen und ruhig und angemessen zu lösen. Das Buch ist als Lektüre für Eltern sehr zu empfehlen, aber wir sind der Meinung, auch Jugendliche können von dieser Sichtweise profitieren. Letztlich geht es darum, zu akzeptieren, dass man zwar zusammengehört, aber jeder sein Ding machen möchte und muss. Man sollte einfach versuchen, ganz gezielt das Beste daraus zu machen.

Es hilft auch, sich zu vergegenwärtigen, dass es allen so geht. Alle Eltern finden ihre Kinder mal anstrengend. Alle Kinder finden ihre Eltern mal anstrengend. Tauschen würde aber nix bringen.

Keine Regel ohne Ausnahme!

Wenn du deine Eltern nicht nur doof, streng oder peinlich findest, sondern sie dich schlagen, einsperren oder psychisch misshandeln, z. B. indem sie dich immer wieder gemein beschimpfen, dann brauchst du Rat, Hilfe und Unterstützung. Ein solches Verhalten ist weder okay, noch solltest du es aushalten, in der Hoffnung, dass es irgendwann besser wird. Wende dich einfach an die «Nummer gegen Kummer»: 0800/1110333 (du kannst sie kostenlos anrufen von Montag bis Samstag von 14 bis 20 Uhr), an www.kinderundjugendtelefon.de oder an eine Vertrauensperson (deinen Lehrer, Pfarrer oder Sporttrainer).

In diesem Zusammenhang noch eine Anmerkung: Wir finden Liebe schön, und Sex auch. Aber Kinder und Jugendliche (und auch Erwachsene) werden manchmal Opfer sexueller Übergriffe und von Gewalt, nicht selten in der eigenen Familie. Wenn dir das passiert: Such dir Hilfe! Denk daran: Du musst nichts mitmachen oder über dich ergehen lassen, was dir nicht gefällt oder was du nicht willst! Und: Es ist ganz sicher nicht deine Schuld, was da passiert – ganz egal, was der Täter dir einzureden versucht! 13 Prozent der Mädchen deutscher Herkunft und sogar knapp 20 Prozent der Mädchen mit

Migrationshintergrund wurden bereits mit sexueller Gewalt konfrontiert! (vgl. BZgA Jugendsexualität 2010). Bitte in diesem Fall deine Eltern oder Lehrer um Hilfe. Oder wenn das nicht möglich ist, geh zur Polizei oder wende dich z.b. an das Beratungstelefon von «Dunkelziffer»: 040/421070010 (Dienstag und Donnerstag von 10 bis 13 Uhr). Du kannst auch einen Freund oder eine Freundin bitten, für dich anzurufen und Rat einzuholen.

WAS IST DAS: LIEBE?

Früher dachte man, vor der Pubertät interessieren sich Kinder überhaupt nicht für Sex oder Liebe und hätten auch keinerlei sexuelle Gefühle. Deswegen fanden Eltern es auch entsetzlich besorgniserregend, wenn sie Kinder beim Doktorspielen, mit anderen Kindern oder an sich selbst, erwischten. Heute weiß man: Auch Kinder und Kleinkinder genießen bereits sexuelle Gefühle. Kleine Jungs spielen mit ihrem Penis – nicht nur, weil sie es lustig finden, «Wer das liest, ist doof!» in den Schnee pinkeln zu können, sondern auch, weil sie es angenehm finden, ihn zu reiben oder zu massieren. Sie können allerdings noch keinen Orgasmus haben, es wird auch noch keine Samenflüssigkeit produziert und ausgestoßen – und Fußball ist für die meisten Jungs dann letztlich doch interessanter. Aber dass es sich schön anfühlen kann, den eigenen Körper (und vor allem den Penis) zu streicheln, haben die meisten von ihnen sehr wohl herausgefunden.

Dasselbe gilt für Mädchen: Auch sie haben natürlich (z. B. in der Badewanne oder abends im Bett) längst entdeckt, dass es kribbelt und kitzelt, wenn man vorsichtig zwischen den Beinen herumreibt (deswegen heißt ein ganz entscheidender Teil der Vagina auch «Kitzler»). Aber beide Geschlechter wissen mittlerweile auch, dass es nicht gern gesehen wird, sich in der Öffentlichkeit – im Restaurant oder in der Schule – das Geschlechtsteil anzufassen. Viele kleinere Kinder kümmert das nicht weiter, was den Eltern dann immer peinlich ist. Daraufhin schimpfen sie, und man lernt Stück für Stück und Tag für Tag: Was ich da mit meinem Körper tun kann, fühlt sich zwar toll an, ist aber irgendwo auch verboten oder ungehörig, zumindest wenn andere einen dabei beobachten können. Eine seltsame Situation.

Was man wann und wo darf und warum, dazu gibt es die unterschiedlichsten Meinungen. Manche Menschen sagen, es sei unnatürlich und störend, sexuelle Gefühle öffentlich zu zeigen. Sie finden es schon zu viel, wenn sich manche am Strand oder auf der Parkbank küssen. Andere halten das alles für ganz natürlich und sind der Meinung, solange man nicht mit lautem Gestöhne in der letzten Reihe allen anderen den Kinofilm verdirbt, solle doch jeder machen, was er oder sie wolle.

Wie weit kann oder will ich gehen, wo und mit wem – das sind einige der ganz großen Fragen, die sich in diesen Jahren stellen. Und die Antwort kann letztlich jeder nur für sich finden. Aber warum eigentlich taucht dieses emotionale Minenfeld ausgerechnet jetzt auf?

Reine Biologie: Bislang war der (kindliche) Körper zur Fortpflanzung noch nicht zu gebrauchen. Jetzt aber erwachen Hoden oder Eierstöcke zum Leben, und es kann losgehen. Aber ganz allein kann sich keiner fortpflanzen, weswegen es sinnvoll ist, dass Jungs und Mädchen bzw. Männer und Frauen sich voneinander angezogen fühlen. Rein biologisch, nur für die Fortpflanzung, ist Liebe nicht unbedingt notwendig, jedenfalls nicht zwischen Mann und Frau. Es reicht der Natur, wenn der Mann die Frau schwängert und diese dann das Neugeborene liebt und mühevoll schützt und großzieht.

Warum wir Menschen dennoch ein so komplexes, rätselhaftes Gefühl empfinden können, kann man letztlich nicht sagen. (Es gibt übrigens auch Tiere, die lange – manche sogar ein Leben lang – als Paare leben, und ob das vielleicht auch eine Form von «Liebe» ist, weiß niemand.) Sicher ist nur: Auf einmal tauchen da zwei sehr intensive, sehr verwirrende Gefühle auf – «Liebe» und «erotische Anziehungskraft». Sie können zusammenpassen und gleichzeitig auftreten, müssen es aber nicht (wenn Letzteres geschieht, wird die Angelegenheit zumindest in unserem Kulturkreis – und in manchen anderen auch – noch deutlich komplizierter).

Wie aber fühlen sich «Liebe» und «erotische Anziehung» an? Bei jedem anders, aber ganz allgemein kann man sagen, dass Jungen eher auf optische Reize reagieren als Mädchen (das hat die Natur ganz gut eingerichtet, denn Mädchen haben, was das Aussehen angeht, weit mehr zu bieten als Jungen). So sitzen viele Jungs im Chemieunterricht da und versuchen, der Lehrerin in den Ausschnitt zu schielen, wenn die sich vorbeugt, oder probieren, bei der Tischnachbarin durch den weiten T-Shirt-Ärmel einen Blick auf BH oder Brustrundung zu erhaschen. Sie starren den Klassenkameradinnen im Sportunterricht mit offenem Mund gebannt auf den Busen oder knoten sich auf dem Schulhof stundenlang die Schnürsenkel auf und wieder zu in dem Bemühen, einem wildfremden Mädchen für eine halbe Sekunde unter den Rock zu starren.

Mädchen und Frauen mögen gutaussehende junge Männer zwar auch gern sehen, fangen aber selten gleich an zu sabbern. Sie träumen eher davon, dass ihr Schwarm aus der zehnten Klasse sich als wahrer Held und Prinz und Drachentöter herausstellt, sie mit dem Schimmel (oder einem fahrbaren Untersatz) abholt und in seinen starken Armen hält. Sie fantasieren von langen, vertrauten Gesprächen und Spaziergängen am Strand. Manche stellen sich vor, wie aufregend es wäre, z.B. einen Lehrer oder Filmstar zum Freund zu haben, an dessen Seite sie dann auf wundervolle Partys gingen (und dessen lodernde Liebe zu ihnen unbedingt geheim gehalten werden müsste). Kurz: Jungs denken handfest, Mädchen romantisch. Jungs können stundenlang tuscheln über eine sich unter dem T-Shirt halb abzeichnende Brustwarze – Mädchen darüber, wer wen wann wie lange angeguckt hat und welche Bedeutung das haben könnte. Jungen und Mädchen im selben Alter (im Regelfall also Klassenkameraden) sprechen zwischen dreizehn und sechzehn Jahren in dieser Hinsicht selten dieselbe Sprache und wissen meist wenig miteinander anzufangen. Das ändert sich dann schlagartig, wenn die «Liebe» ins Spiel kommt. Oder, um mal vorsichtig anzufangen: das Verliebtsein.

Verliebt sein kann man ganz allein. Man kann verliebt sein in das Leben, ein Pferd, einen Sportler oder auch den besten Freund. Zum Lieben hingegen gehören zwei – das Gefühl wird zwar nicht immer mit anhaltend gleicher Stärke erwidert, aber wenn der andere nicht mitmacht, steht man dumm da mit seinem Verliebtsein und hat allerhöchstens noch schrecklichen Liebeskummer.

Verliebtsein bezeichnet gleichzeitig, sagen wir mal, Liebe light. Denn nicht jeden, mit dem man «geht», den man küsst, streichelt oder mit dem man vielleicht ins Bett steigt und Sex hat, muss man gleich «lieben». Man kann ihn oder sie auch einfach nur «richtig, richtig, richtig mögen» und anziehend finden – das ist dann ebenfalls Verliebtsein.

Wie, was, wo? Das wird ja immer komplizierter! Stimmt – und auch wieder nicht. Vergessen wir vorerst mal die Liebe und den (manchmal drohenden und manchmal erlösenden) Satz «Ich liebe dich». Und kehren wir noch mal kurz zurück zur sexuellen Anziehung. «Sexy» kann man alle möglichen Leute finden, oft sogar auch Angehörige des eigenen Geschlechts. Aber will man mit jedem davon auch gleich einen Abend, die ganze Nacht oder ein langes Wochenende verbringen? Nicht unbedingt.

Ob Junge oder Mädchen, irgendwann wirst du merken, dass du neben einem Jungen oder Mädchen sitzt und mit ihm/ihr redest, aber es fühlt sich anders an als sonst. Du wünschst dir vielleicht, dass ihr ewig weiterreden würdet. Oder dass ihr euch mal nachmittags trefft, nur zu zweit. Du hast das Gefühl, deinem Gesprächspartner oder deiner Gesprächspartnerin alles anvertrauen zu können. Es kann auch sein, dass ihr einfach nur dasitzt und ein Eis esst und euch freut, dass der/die andere da ist. Manchmal spürt man ein kleines Flirren, Kribbeln oder Flattern – die berühmten Schmetterlinge im Bauch. Wenn ihr euch aus Versehen berührt, fällt dir das auf und kommt dir auf einmal ganz besonders vor. Du interessierst dich für alles, was sie oder ihn auch interessiert, selbst für Musik, Bücher oder Filme, die du bislang saublöd fandest.

Und dann? Dann kann es sein, dass es erst mal dabei bleibt. Es gibt Leute, die jahrelang mal für den einen, mal für den anderen (oder die eine und die andere) schwärmen, vielleicht sogar ein bisschen flirten, aber das war's dann auch. Völlig in Ordnung so.

Ein guter Rat, um sich darüber klarzuwerden, was man selber will, ist: Wenn du nichts lieber tätest als (hier irgendeine deiner Lieblingstätigkeiten einsetzen, z.B. stundenlang ein interessantes Buch wie dieses hier zu lesen), dann ist es Zeit, genau das zu tun. (Jedenfalls für dich, nicht unbedingt auch für dein Gegenüber, oder doch? Das muss man dann herausfinden – und genau das ist vielleicht das Schwerste.) Also: Wenn du nicht lieber Eis essen, Fernsehen gucken, Hausaufgaben machen (ha, ha), Musik hören oder skaten willst, als mit ihm oder ihr Händchen zu halten oder sie oder ihn zu küssen – dann ist der richtige Moment dafür gekommen. Wenn dir aber nicht danach ist, dann lass es. Du musst nichts machen, nur weil du denkst, es sei jetzt höchste Zeit, weil alle anderen schon einen Freund haben, weil deine besten Kumpels bereits als haarige Werwölfe auf die Jagd gehen und mit ihren Eroberungen angeben – vergiss das alles. Du bist du! So einfach ist das – und gleichzeitig so schwer.

Verliebtsein – was ist toll, was nicht?

Das Schöne am Verliebtsein:

Man ist immer gut gelaunt	34
Kribbeln/Schmetterlinge im Bauch	24
Ein super Gefühl	22
Man ist nicht mehr allein	16
Man freut sich immer, den anderen zu sehen	10
Man unternimmt viel zusammen	10
Man denkt immer an die Person	8
Gibt Selbstvertrauen/man fühlt sich gut	5

Am Verliebtsein weniger schön:

Wenn die Liebe nicht erwidert wird	26
Man kann verletzt werden	10
Man kann nicht mehr denken	6
Man hat keine Freiheit mehr	5
Man hat Liebeskummer	5
Man hat für nichts mehr Zeit	4
Wenn man sich streitet	4
Wenn Schluss gemacht wird	4

(Prozentzahlen)

Warst du schon mal verliebt?

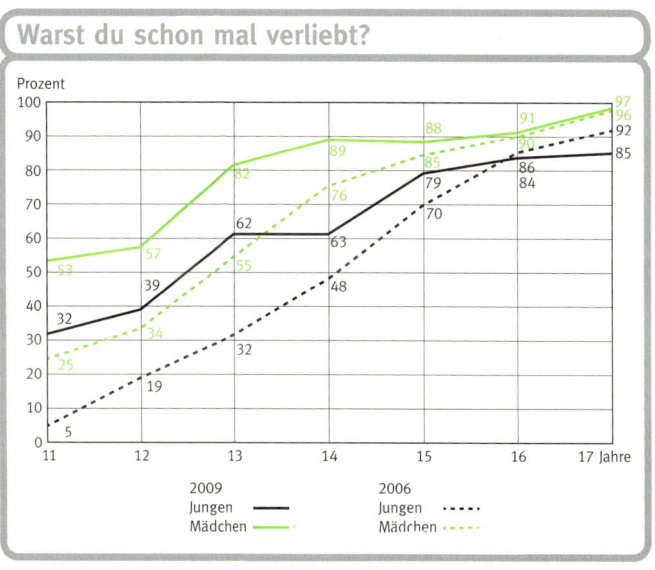

Prozent

2009 Jungen	Jungen (2006)
Mädchen	Mädchen (2006)

(vgl. Dr. Sommer, Studie 2009)

73

Und was ist nun das Tolle an der «ersten Liebe», von der alle so schwärmen? Die erste Liebe kann aus mehreren Teilen bestehen: erstes Verknalltsein, erstes Verliebtsein, erster Kuss, erster fester Freund / erste feste Freundin, erstes Mal «Ich liebe dich»-Sagen oder -Gesagtbekommen, erster Sex ... Man kann all das mit einer Person erleben oder mit mehreren nacheinander. Es sind lauter erste Male, und sie sind alle toll, weil man etwas Neues erfährt, das sich wunderbar anfühlt. Während es passiert, ist es aber manchmal gar nicht so toll, weil man schrecklich nervös und unsicher ist und weil oft ja auch Liebeskummer, Verlassenwerden, unerwiderte Liebe usw. dazukommen.

Du brauchst aber keine Angst davor zu haben, denn das macht das Leben erst lebenswert. Man lernt wieder was Neues dazu, und es passiert immer alles sowieso, wenn man es am wenigsten erwartet. Rückblickend ist die «erste Liebe» aber meistens schön gewesen, weil die Gefühle einen mitgerissen haben wie eine Welle und man gar nicht mehr wusste, wo oben und unten ist. Und bei aller Angst, dass der oder die andere die Gefühle nicht teilt, war es doch für die meisten Menschen eine Zeit, in der davon noch nicht so viel abhing. Wenn Erwachsene sich trennen, dann ist das ja oft unheimlich aufwendig, und zahllose Probleme sind zu bewältigen: Wer bleibt wo wohnen, wer behält den Hund, und wer muss ein neues Sofa kaufen? Das nervt, stresst, und viele fürchten sich davor. Für junge Menschen stehen noch allein die Gefühle im Mittelpunkt, nicht die sachlichen Konsequenzen. Das nervt dich vielleicht sogar jetzt gerade, weil die Gefühle mit einem machen, was sie wollen, aber irgendwie ist viel und intensiv zu fühlen auch ganz schön. Und das ist das Tolle an der ersten Liebe – die Intensität und das schiere Neusein der Empfindungen!

WIE UND WO
LERNE ICH FLIRTEN?

Übung macht den Meister! Flirten ist eigentlich nichts weiter als «gezielt und besonders auffällig nett sein». So signalisierst du jemandem (oder der dir), dass du Interesse hättest, ihn näher kennenzulernen. Wer nett sein kann, kann somit auch flirten. Und wo kann man flirten? Überall! In der Klasse, im Bus, beim Sport, beim Tierarzt, im Kino, in der Tanzschule, im Freibad, auf der Schlittschuhbahn, im Café, im Einkaufszentrum, im Restaurant, auf Partys, im Ferienlager, auf der Straße. Genau das ist ja der Grund, warum Eltern zumindest Mädchen häufig nur ungern aus dem Haus lassen. Wer weiß, wen sie da kennenlernen, denken sie nämlich. Und wie kann man flirten? Zu den bekanntesten Flirtsignalen gehören folgende.

Flirten und Sympathie zeigen

- Lächeln.
- Hinschauen, Wegschauen, wieder Hinschauen.
- Haare hinter die Ohren streichen (Jungs mit kurzen Haaren vollführen übrigens häufig dieselbe Geste, fahren sich also mit der Hand von der Schläfe bis hinter das Ohr).
- Kopf zur Seite neigen und Hals zeigen (symbolisiert Verwundbarkeit).
- Unnötig dicht an jemandem vorbeigehen und ihn dabei «versehentlich» (aber unverfänglich) berühren.
- Wimpernklimpern (wenn wir nervös sind, erhöht sich der Lidschlag).
- Über die Scherze des anderen lachen.

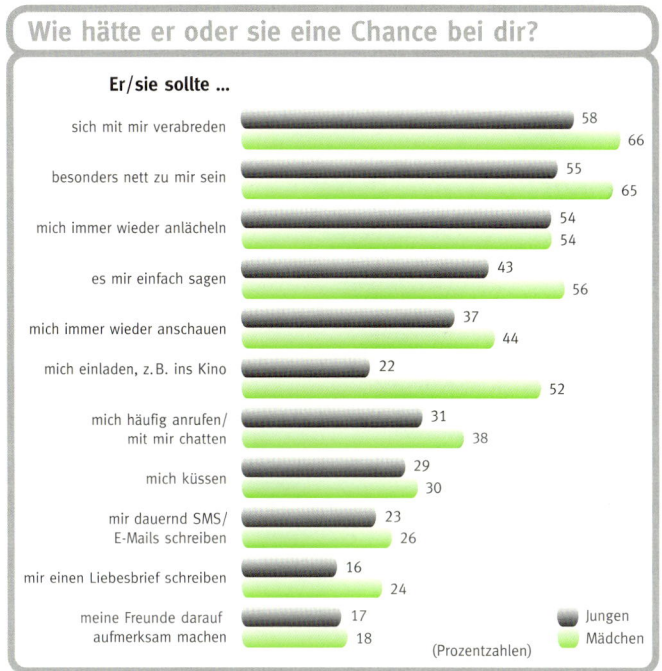

Wie hätte er oder sie eine Chance bei dir?

Er/sie sollte ...

	Jungen	Mädchen
sich mit mir verabreden	58	66
besonders nett zu mir sein	55	65
mich immer wieder anlächeln	54	54
es mir einfach sagen	43	56
mich immer wieder anschauen	37	44
mich einladen, z.B. ins Kino	22	52
mich häufig anrufen/ mit mir chatten	31	38
mich küssen	29	30
mir dauernd SMS/ E-Mails schreiben	23	26
mir einen Liebesbrief schreiben	16	24
meine Freunde darauf aufmerksam machen	17	18

(Prozentzahlen)

(vgl. Dr. Sommer, Studie 2009)

Außerdem gilt: Wer sich zurücklehnt, ist nur damit beschäftigt, unpassende Bewerber abzuwehren; wer den ersten Schritt wagt, geht ein Risiko ein, hat aber mehr Auswahl. Und: Versuch, das Positive in deinen «schlechten Eigenschaften» zu sehen (und so dein Selbstbewusstsein zu stärken). Schüchterne Menschen sehen sich z.B. oft als Mauerblümchen, andere halten sie jedoch für wunderbar aufmerksame Zuhörer – betrachten die vermeintliche Schwäche also als Stärke!

Der Journalist und Singlecoach Eric Hegmann, der zusammen mit Lisa Fischbauch Autor des Ratgebers «Die Dating-Docs Schritt für Schritt zum Liebesglück» ist, findet: «Was ist Flirten? Eine spielerische Kontaktaufnahme mit unbestimmtem Ausgang, die eine ero-

Was finden Jungs an Mädchen und Mädchen an Jungs toll?

Top 8: Jungen über Mädchen
(in Klammern: Prozentzahlen)

1. Hübsch, attraktiv, gut aussehend (39)
2. Soll schlank sein, gute Figur haben (36)
3. Nett, lieb, freundlich, süß (33)
4. Blonde Haare (18)
5. Lange Haare (17)
6. Witzig, lustig (16)
7. Sportlich sein (10)
8. Intelligent, klug (10)

Top 8: Mädchen über Jungen

1. Nett, lieb, freundlich, süß (41)
2. Soll größer sein als ich (35)
3. Witzig, lustig (25)
4. Hübsch, attraktiv, gut aussehend (24)
5. Soll schlank sein, gute Figur haben (23)
6. Sportlich sein (18)
7. Dunkle, schwarze Haare (14)
8. Soll ein liebevoller, aufmerksamer Partner sein (14)

tische Komponente haben kann, aber nicht muss. Flirten ist die schönste Art, mit einem Menschen in Kontakt zu treten. Leider ist es für viele auch eine schwierige Kunst – es fehlt ihnen an Lockerheit, an Erfahrung. Eines ist wichtig: Beim Flirten geht es nicht einzig darum, sich zu verlieben. Flirten ist eine besondere Form der Kontaktaufnahme ohne definierten Ausgang. Wer viel und gern flirtet, hat mehr Erfolg: im Job, im Alltag, in allen sozialen Beziehungen.» Hegmann empfiehlt:

- *Authentisch bleiben!* Viele möchten ihrem Objekt der Begierde so sehr gefallen, dass sie beim Flirten aus Unsicherheit eine Rolle spielen. Das kann nicht dauerhaft funktionieren. Bleib so, wie du bist. Wer zu sich steht, wirkt natürlicher und damit automatisch anziehender.
- *Respekt und Neugierde.* Einen guten Kontakt zu anderen Menschen baust du am besten durch eine respektvolle Neugierde auf. Gib deinem Gegenüber das Gefühl, dass du dich wohlfühlst und es dir wichtig ist, dass er oder sie sich ebenfalls wohlfühlt.
- *Mut gehört dazu.* Wage den ersten Schritt, denn sonst überlässt du allen anderen das Feld. Wenn du zu lange über den richtigen Spruch grübelst, wird es meist schwierig, die Kurve zu kriegen und einen Kontakt herzustellen.
- *Der Ton macht die Musik.* Für den ersten Eindruck zählen Auftreten, Gestik, Mimik und Stimme zu mehr als 90 Prozent. Vergiss also Anmachsprüche, mit denen du im Zweifel sowieso nur verkrampft ankommst. Ein charmantes Hallo zeigt viel mehr Wirkung als ein gewollt witziger Kommentar. Beim Flirten geht es darum, wie du etwas sagst – nicht unbedingt, was du sagst.
- *Komplimente sind toll!* Ein Kompliment ist ein toller Gesprächseinstieg. Aber: nicht übertreiben! Gerade wenig selbstbewusste Menschen fühlen sich dadurch womöglich auf den Arm genommen. Je größer das Kompliment, desto schwieriger kann der andere es annehmen. Das Beste sind kleine Aufmerksamkeiten aus der Situation heraus.
- *Ein Flirt ist kein Verhör.* Wenn sich Menschen noch nicht kennen, kommunizieren sie unsicherer als

sonst. Stell dem oder der anderen Fragen und zeige echtes Interesse. Die Antworten sorgen dann für weiteren Gesprächsstoff. Lass deinem Gegenüber die Zeit, selbst Fragen zu stellen, und achte darauf, das Gespräch nicht zu dominieren.

• *Humor muss sein.* Sei humorvoll und nimm weder dich noch die Situation zu ernst. Dazu gehört auch, dass du früh fair und respektvoll einen Kontakt abbrichst, der dir nicht zusagt, bevor dein Gegenüber Feuer gefangen hat.

Das Doofe am Flirten ist, dass einer sich trauen muss, damit anzufangen. Wenn man dann mittendrin ist, kann es sogar richtig Spaß machen – so viel Spaß sogar, dass man manchmal einfach weiterflirtet, obwohl man gar nicht mehr wirklich will. (Das ist wie Eis oder Chips essen. Manchmal macht man zu lange weiter.) Das alte Vorurteil, ein Mädchen, das nett lächelt, oder ein Junge, der einem ein Kompliment macht, wollten garantiert nix als Sex, ist also wirklich nur das: ein unwahres Vorurteil!

Besser (und weniger riskant), als nach den ersten paar Flirtsignalen dem oder der anderen gleich einen Kuss auf die Lippen zu drücken, ist es daher, langsam vorzugehen, Schritt für Schritt. Wenn er oder sie dich wirklich jetzt und hier und auf der Stelle küssen würde, gilt das morgen immer noch (auch wenn sich das wie eine unerträgliche Ewigkeit anfühlen kann).

Tipp für Jungs! Wenn sich dir (vielleicht) die Gelegenheit bietet, jemanden zu küssen, wirst du den starken Drang verspüren, es sofort und gründlich zu tun, denn wer weiß, was morgen oder auch nur in einer Stunde ist. Das ist ganz normal. Die meisten Mädchen (und im Übrigen auch die meisten Frauen) finden es aber toller, wenn du ein kleines bisschen langsamer vorgehst, als du wahrscheinlich willst. Dir entgehen dadurch also keine Chancen, sondern ganz im Gegenteil: Du machst sogar noch einen guten Eindruck und schaffst Vertrauen!

Tipp für Mädchen! Jungs versuchen zwar, cool und lässig rüberzukommen, haben aber meist ganz schön die Hosen voll, wenn Entscheidungen anstehen wie «Engtanz oder nicht?», «umarmen oder nicht?», «küssen oder nicht?» und so weiter. Wenn du ihm klar und deutlich signalisierst, was geht (und notfalls auch, was nicht), steigen deine Erfolgschancen auf 250 Prozent. Er wird ganz erleichtert sein und brav deinen Vorgaben folgen. Da Mädchen pubertätsmäßig meist ein wenig weiter sind als Jungs, weiß er also noch weniger, was er will und wie es geht, als du selbst. Er ist noch nervöser: Hilf dem armen Kerl, aber gib ihm nicht das Gefühl, er wäre ein schusseliger Dummkopf.

Wenn man jemanden gern mag, der einen aber ablehnt, nennt man das: «Einen Korb bekommen.» Die Redewendung «Einen Korb bekommen», «Sich einen Korb holen», «Jemandem einen Korb geben» oder «Durch den Korb fallen» geht angeblich auf eine mittelalterliche Sitte zurück. Ein umworbenes Fräulein zog damals ihren Verehrer nach dessen Antrag in einem Korb zu ihrem Fenster hinauf. Schwierig, sich das vorzustellen, denn dafür musste das Fräulein ja unheimlich dicke Muckis gehabt haben, aber so war es wohl ... Konnte sie den Kerl nicht leiden, dann ließ sie ihm einen Korb mit kaputtem Boden herunter, der beim Hochziehen herausbrach. Oder die Angebetete ließ ihn im Korb aus großer Höhe runterfallen. Sie konnte den Korb auch mitsamt Freier auf halber Höhe zu ihrem Fenster hängen lassen, worauf der Mann am nächsten Morgen zum Gespött der Leute wurde. Hierauf fußt womöglich die Redensart: «Jemanden (in der Luft) hängenlassen.» Es gibt noch eine weitere mögliche Erklärung: Wollte ein Mann bei einem Brautvater um die Hand der Tochter anhalten, so ließ er ihm von einem Bekannten vorab ausrichten, wann er kommen werde. So hatte die Familie des Brautvaters Zeit, über den möglichen Bewerber zu beraten. Wollte der ihn nicht zum Schwiegersohn, stellte er einen geflochtenen Korb vor das Haus oder in den Eingang zur Hofanlage. Daran erkannte der Freier, dass sein Werben aussichtslos sein würde – er hatte «einen Korb bekommen» und konnte sich somit ohne Gesichtsverlust sofort wieder auf den Heimweg machen. In der Region Dithmarschen in Schleswig-Holstein verwandte man statt des Korbes eine Schaufel; folgerichtig heißt die Redensart hier «Die Schaufel bekommen» – sehr passend, denn genau so fühlt sich das auch an.

Letztlich aber gilt ganz schlicht: Wer nicht wagt, der nicht gewinnt. Wer nicht flirtet, der sitzt eben bloß daneben und macht dicke Backen oder ein langes Gesicht. Am lockersten und erfolgreichsten flirtet man übrigens, wenn nichts auf dem Spiel steht. Einerseits ist das toll, so kannst du mit anderen üben, statt dich vor deinem heimlichen Schwarm zu blamieren. Andererseits solltest du nicht nur aus Spaß anderen echte Hoffnung machen und ihre Herzen brechen. Und das nicht nur aus dem Grund, dass du dann eine(n) an der Backe kleben hast, auf die / den du keine Lust hast, sondern weil man nicht leichtfertig mit den Gefühlen anderer spielt. Eine nette Plauderei, ein freundliches Lächeln, vielleicht ein langsamer Tanz – darüber hinaus sollte es nur bei ernsthaftem Interesse gehen.

Flirtfachleute raten durchaus, sich gezielt Absagen einzuhandeln. Das trainiert und härtet ab. Schnapp dir eine Freundin oder einen Freund und geht zusammen irgendwohin, wo euch möglichst keiner kennt (ein anderes Schwimmbad als sonst, eine Tanzschule drei Bahnstationen weiter ...). Dort spricht jeder von euch fünf Personen an. Wahrscheinlich wird nichts Anhaltendes daraus, aber nach einer Weile fängt es an, Spaß zu machen – und wenn es später um was geht, weil dir dein Schwarm gegenübersitzt, bist du bestimmt weit weniger nervös.

Wer viel, aber erfolglos flirtet, sollte mal sein Beuteschema überdenken. In jeder Gruppe gibt es ein paar Leute, die im Mittelpunkt stehen, weil sie besonders gut aussehen, clever oder talentiert sind, Geld haben – oder warum auch immer. Mit denen flirten alle. Da stehen deine Chancen also ziemlich schlecht. Wenn du dich aber auf eine(n) der anderen konzentrierst, lernst du viel schneller jemanden kennen oder findest jemanden, der zumindest mal mit dir Eis essen, schwimmen oder ins Kino geht. Außerdem wird diese Person dich auch viel mehr zu schätzen wissen, da sie es nicht gewohnt ist, dass alle hinter ihr herlaufen.

Und wenn jemand mit dir flirtet, du aber von ihm oder ihr nichts wissen willst? Bleib höflich, schließlich hat der andere seinen ganzen Mut zusammengenommen, aber gib keine falschen Signale. Wenn du jemanden komplett uninteressant findest, verabrede dich nicht auch noch mit ihm oder ihr. Nein zu sagen ist total okay: «Nein, lieber nicht», «Nein, ich will jetzt nichts trinken», «Nein, ich möchte nicht tanzen, aber danke für die Frage.»

Reagiert dein Gegenüber nicht auf solche höflichen, aber deutlichen Gesten, stell dich z. B. zu Freunden oder Freundinnen in eine andere Ecke des Saals, sodass deutlich wird, dass du den Flirt nicht weiterführen möchtest. Jedenfalls immer schön fair bleiben und niemanden bloßstellen.

WIE FINDE ICH EINEN FREUND ODER EINE FREUNDIN?

Die romantische Antwort ist in diesem Fall: «Wir haben uns gefunden, und das ist das Beste.» Ganz sicher: Eines Tages wirst du jemandem in die Augen schauen, und dein Herz wird beginnen, schneller zu schlagen, deine Handflächen werden feucht werden – ja, das klingt, als würde man bei der Klassenarbeit beim Schummeln erwischt werden. Und tatsächlich: Viel anders fühlt es sich auch nicht an, wenn man einem Menschen begegnet, der einem Herzklopfen verursacht.

Oft ist die Situation aber natürlich ganz anders. Dein bester Freund hat schon die zweite Freundin, der Junge aus der Klasse über dir macht deutlich, dass er nicht weiter mit dir Eis essen will, wenn ihr euch nicht endlich küsst – oder du sitzt einfach ganz allein zu Haus und hast das Gefühl, niemand mag dich (würdest aber dir und der Welt gern das Gegenteil beweisen).

Es ist naheliegend, nach einem Freund oder einer Freundin dort Ausschau zu halten, wo man ist: in der Schule, im Sportverein, in der Tanzschule, auf Partys. Und da es allen anderen genauso geht, hat man sogar ganz gute Chancen. Man muss es nur richtig anstellen. Hier ein paar praktische Tipps, um positiv aufzufallen:

So kommst du richtig gut rüber

- *Regelmäßig waschen oder duschen.* Das versäumen vor allem Jungs. Aber da irgendwann im Verlauf der Pubertät die Schweißdrüsen so richtig Vollgas geben (und man seinen eigenen Geruch leider kaum wahrnimmt), gilt: mindestens einmal täglich duschen oder mit dem Waschlappen wenigstens unter den Armen reinigen! Und nach dem Sport. (Übrigens kann man sich auch kurz abbrausen – drei bis fünf Minuten reichen meistens völlig aus.)

- *Deo benutzen.*
- *Andere fragen, ob man gut riecht* (gerade Eltern sind meistens gnadenlos ehrlich).
- *Morgens (nach* dem Frühstück) und *abends Zähne putzen.*
- *Ein bisschen Parfüm* finden viele ganz angenehm, zu viel davon wirkt aber eher aufdringlich.
- *Nicht jeden Tag dieselben stinkigen Turnschuhe tragen,* sondern sie zwischendurch immer mindestens einen Tag auslüften lassen. Das gilt übrigens auch für die Klamotten!
- *Anderen offen und interessiert gegenübertreten.*
- Vielleicht die erfolgreichste Methode, jemand rumzukriegen: *Aufmerksamkeit zeigen und zuhören.*

Wissenschaftler haben herausgefunden, dass wir innerhalb weniger Sekunden entscheiden, ob wir einen anderen Menschen sympathisch finden oder nicht. Es gibt also wirklich keine zweite Chance, einen guten ersten Eindruck bei jemandem zu hinterlassen. Dennoch kann man stark beeinflussen, wie es nach dem ersten Augenblick weitergeht. Selbstsicherheit (ohne dabei arrogant zu wirken) und Humor gelten als die beiden wichtigsten Faktoren, wenn es darum geht, wie gut jemand ankommt.

Viele Menschen (nicht nur Kinder und Jugendliche), die besonders selbstsicher auftreten, wollen dadurch unbewusst ihre Unsicherheit in einer bestimmten Situation überspielen. Das geht anderen aber schnell auf die Nerven. Diese Jetzt-komm-ich-guckt-mal-hier!-Tour zieht zwar im ersten Augenblick alle Blicke auf sich, doch viel mehr bringt sie nicht. Wahre Selbstsicherheit kommt von innen. Nun ist es natürlich nicht ganz einfach, sich in seiner eigenen Haut wohlzufühlen, wenn die vielleicht mit Pickeln übersät ist, man bei der letzten Tanzstunde rumwankte wie ein debiler Zirkusbär, bei der Party vor einer Woche jemand bissig bemerkte, man würde beim Abtanzen zucken wie auf dem elektrischen Stuhl, und man sich vielleicht auch noch gerade die halbe Cola übers Hemd geschüttet hat, wo sich im Achselbereich auch noch riesige Schweißflecken zeigen. Aber vergiss nicht: Die meisten anderen fühlen sich ganz genauso. Und wenn du den ersten Schritt machst, während alle anderen nur dastehen und feige abwarten, hast du schon halb gewonnen. Vielleicht hilft es auch, immer daran zu denken: Ich bin ein toller Mensch, und wer das nicht sieht, ist selber schuld!

Im Übrigen kann man Selbstsicherheit trainieren: Wenn du irgendetwas wirklich gut kannst – Mathe, Tanzen, Sport –, wirst du zumindest dabei locker und entspannt rüberkommen, weil du dich tatsächlich nicht unsicher fühlst. Mach was draus – vielleicht findest du ja eine gleichgesinnte Freundin oder einen Freund mit einem ähnlichen Hobby. Und wenn du dich in einer anderen Situation am liebsten unter einem Stein verkriechen oder hinter dem Vorhang verstecken willst – erinnere dich daran, wie es war, sich stark, gut und kompetent zu fühlen. Stell es dir ganz genau vor. Du wirst merken, wie deine Angst und Nervosität wenigstens ein klein wenig zurückgehen.

Ganz ähnlich ist es übrigens auch mit der schlechten Laune: Wenn du mies drauf bist und alles scheiße findest, dann hilft es, zu lächeln. So blöd es klingt, so einfach ist es auch. Wenn man lächelt, bekommt man gute Laune. Da gibt es anscheinend eine ganz feste Verbindung zwischen Hirn und Gesichtsmuskeln: Gute Laune ist gleich Mundwinkel nach oben. Diese Verbindung ist so stark, dass sie umgekehrt genauso funktioniert.

Zieht man – auch bei übler Laune – die Mundwinkel nach oben, zählt das Gehirn eins und eins zusammen: «Moment mal, das Gesicht lächelt. Ich muss einfach gute Laune haben. Hey!»

Aber zurück zu Selbstsicherheit und Humor. Das mit dem Humor ist einfacher. Unter Jugendlichen wird oft hinterhältig über andere gelästert, was durchaus lustig sein kann, wenn man nicht gerade selbst Gegenstand des Spotts ist. Das aber ist hier nicht gemeint. Der Humor, der gut ankommt, besteht darin, das Leben von der heiteren, der komischen Seite zu sehen, sich selbst eingeschlossen. Das bedeutet nicht, dass du über dich selbst herziehen solltest, wobei es auch gut ankommt, wenn man über sich selbst lachen kann, aber wer generell die Komik in einer Situation entdeckt und zum Ausdruck bringen kann, wirkt entspannt-souverän, und das Eis kann zugleich mühelos gebrochen werden. Denn wenn man erst mal miteinander gelacht hat, plaudert es sich gleich viel entspannter. (Das heißt nicht, dass du gleich zum Klassenclown oder Tanzschulenkasper werden solltest, um endlich beim anderen Geschlecht zu landen. Alles immer in Maßen!)

Man kann sich natürlich eine Liste von Anmachsprüchen zurechtlegen. Die können helfen, mit jemandem ins Gespräch zu kommen. Die können aber auch sehr schnell das Gegenteil erreichen, wenn sie gekünstelt hervorgebracht wirken. Dann kommst du auch unecht rüber – und das ist nie von Vorteil. Und hier zur Inspiration ein paar Sprüche. Anwendung auf eigene Gefahr:

- «Du hast wunderschöne Lippen! Kann man die küssen?»
- «Wetten, ich kann dich küssen, ohne deine Lippen zu berühren?» (Wenn sie auf die Wette eingeht, küss sie!): «Ups, verloren!»
- «Wenn du Lust auf einen Kuss hast, sag nichts – lächle nur ...!»
- «'tschuldigung! Ist dir schon aufgefallen, dass wir noch nichts zusammen getrunken haben?»
- «So langsam kriege ich Kopfschmerzen. Darf ich dich mehr aus der Nähe anstarren?»
- «Wenn sich deine Eltern nicht getroffen hätten, wäre ich jetzt der unglücklichste Mensch auf Erden.»
- «Hallo, ich glaube, ich kenn dich gar nicht!»
- «Ich hab mir gedacht, wenn ich dich jetzt nicht anspreche, sehen wir uns nie wieder.»
- (Schubs ihre Tasche oder ihren Pulli vom Tisch und heb ihn wieder auf. Dann, mit einem frechen Lächeln:) «Was für ein Glück, dass ich da war! Gern geschehen!»
- «Sag mal, waren wir als Kinder nicht auf unterschiedlichen Grundschulen?»
- «Weißt du, wie schwer ein Eisbär ist?» (Sie weiß es nicht.) «Schwer genug, um das Eis zu brechen!»
- «Entschuldigung, aber auf welchen Anmachspruch würdest du am besten reagieren?»
- (Sehr frech:) «Willst du mit mir schlafen? Für 50 Euro?» (Nach kurzer Pause, in der sie empört schweigt): «Los, komm, ich brauch das Geld!»
- «Du bist sicher froh, dass ich dich anspreche!»

Und natürlich dürfen die Klassiker nicht fehlen, mit denen wahrscheinlich schon dein Großvater deine Oma rumgekriegt hat:

Klassiker unter den Anmachsprüchen

- «Glaubst du an Liebe auf den ersten Blick? Oder soll ich noch mal reinkommen?»
- «Hat es wehgetan, als du vom Himmel gefallen bist?»
- «Dein Vater ist ein Dieb, weil er die Sterne vom Himmel gestohlen und dir in die Augen gelegt hat!»
- «Ich habe meine Telefonnummer vergessen, kann ich deine haben?»
- «Du hast Glück! Ich bin Single.»

Fachleute haben festgestellt, dass Anmachsprüche sowieso überschätzt werden. Der Gesamteindruck (Auftreten, Gestik, Mimik, Stimme) ist viel wichtiger. Es reicht also völlig, jemanden mit: «Hallo, ich heiße Ralph. Und wie heiß bist du?» anzusprechen. (Achtung, du musst hier natürlich deinen Namen einsetzen. Es sei denn, du heißt auch Ralph.) Die Sprüche oben kann man aber trotzdem gut brauchen, spätestens nämlich, wenn man mit jemandem zusammen ist und ein Lächeln auf seine oder ihre Lippen zaubern möchte.

Und dann? Die meisten jungen Menschen haben sich rund zehn Jahre lang (fast) nur mit dem eigenen Geschlecht verabredet, also Jungs mit Jungs und Mädchen mit Mädchen.

Nun plötzlich erwacht der Wunsch, sich auch mal mit Mädchen bzw. Jungen zu treffen. Und dann? Muss man dann gleich Händchen halten, streicheln, küssen? Nein!

Man muss gar nichts. Man kann reden, Tee trinken, Filme gucken, Musik hören, spazieren gehen. Irgendwann, bei einem dieser Treffen, ob mit einem Klassenkameraden, den du schon ewig kennst, oder einer Sportfreundin, die erst vor kurzem hergezogen ist, wirst du merken, dass du dich ganz anders fühlst als sonst. Nervös, unsicher. Du rutschst vielleicht näher an ihn oder sie heran als sonst, bist superaufmerksam oder reißt einen Spruch nach dem anderen. Du weißt gar nicht recht, was du sagen sollst, und quasselst doch in einem fort. Du kommst dir vielleicht blöd und unsicher vor, aber zugleich willst du am allerallerliebsten wirklich genau hier sein. Vielleicht wird sie deine erste Freundin oder er dein erster Freund – und vielleicht heiratet ihr, kriegt Kinder und lebt glücklich bis ans Ende aller Tage. Oder auch nicht.

Wahrscheinlicher ist, dass du dich mit diesem und mit jenem Jungen triffst. Dass du mit einem Mädchen Eis essen gehst und mit dem anderen ins Kino. Dass du irgendwann jemanden küsst, mit jemandem zusammen bist, vielleicht mit jemandem schläfst. Möglich sogar, dass du nach der Schule mit einem Partner zusammenleben wirst. So verliebt man in einer bestimmten Situation auch sein mag – es ist sehr, sehr wahrscheinlich, dass du den Großteil deines Lebens mit jemand anderem verbringen wirst.

Warum das so wichtig ist? Wir leben in einer Zeit und einer Gesellschaft, die sich den Luxus der romantischen Liebe erlaubt. Früher wurden Kinder einfach verheiratet – mit der Tochter vom Nachbarbauern oder dem Sohn des Metzgers. Die Eltern suchten den Partner aus, und meist waren sie es auch, die von dem «Geschäft» profitierten (indem zwei Familienbauernhöfe zusammengelegt wurden oder eben alle in der Metzgerei arbeiteten). Vor allem bei Töchtern war das Ziel, sie «gut» zu verheiraten, was hieß: einen jungen Mann auszusuchen, der sie (und die zu erwartenden Kinder) hoffentlich finanziell versorgen konnte.

Erfreulicherweise (so finden wir jedenfalls) sind diese Zeiten vorbei, zumindest in unserem Teil der Welt. Niemand muss mehr aus Geldgründen heiraten. Wenn Menschen sich paarweise zusammentun, dann aus Liebe. Und mit der Liebe ist das halt so eine Sache. Liebe kann toll sein – oder schrecklich frustrierend. Und sie verändert sich (vgl. Dr. Sommer, Studie 2009). Was man letztes Jahr noch toll, charmant, witzig, interessant fand, erscheint einem jetzt vielleicht nervig, arrogant, langweilig. Das geht sogar Erwachsenen so. Und bei Jugendlichen, die ja noch mittendrin in der Persönlichkeitsentwicklung stecken, ist es natürlich erst recht so.

Was also ist «normal»? Wer tut was wann? Mit zwölf Jahren hat die Hälfte der Jugendlichen schon mal jemanden auf den Mund geküsst. Selbstbefriedigung betreibt die Mehrheit der Jungen ab dreizehn Jahren (vgl. Dr. Sommer, Studie 2009). Erste intime Erfahrungen mit Zungenküssen machen Jugendliche zwischen dreizehn und fünfzehn. Körperliche Zuneigung beim «Petting» (Küssen oder Streicheln des nackten Körpers ohne Geschlechtsverkehr) erleben die meisten zwischen 15 und 16 Jahren, zum ersten Sex kommt es ein Jahr später zwischen 16 und 17. Dabei geben jedoch nur etwa 60 Prozent (also knapp zwei Drittel) bereits mit 15 an, sich «erwachsen» zu fühlen, und mit 17 Jahren sind es auch erst 80 Prozent, also vier von fünf Jugendlichen (vgl. Dr. Sommer, Studie 2009).

Gerade beim Sex gibt es aber im Moment einen deutlichen Trend, sich «aufzusparen». Früher sollten Mädchen erst Sex haben, wenn sie verheiratet waren (also nicht mit Hinz und Kunz, sondern nur mit ihrem Ehemann), und Jungs beziehungsweise Männer eigentlich auch (aber bei denen sah man das nicht ganz so eng). In vielen Regionen der Welt ist das heute immer noch so und war nie anders gewesen. Bei uns und in den USA – wo alles lange anders gehandhabt wurde – beschließen aktuell viele Jugendliche freiwillig, noch keinen Geschlechtsverkehr zu haben. Man nennt das: «keusch zu bleiben». Solange sich beide darin einig und damit zufrieden sind, ist das wunderbar und kein Problem – ganz egal, was irgendwelche Statistiken oder Schulfreunde sagen. In jedem Fall: Mach alles so, wie du es willst und wie du gut damit leben kannst. Und dein Partner natürlich auch.

SCHWUL, LESBISCH, BI – WIE MAN'S MERKT UND WAS ZU TUN IST

Die meisten Liebesbeziehungen und Partnerschaften folgen dem einfachen Muster: Junge plus Mädchen bzw. Mann plus Frau. Es gibt aber auch Ausnahmen. Manche Jungen verlieben sich in Jungen, manche Mädchen in Mädchen, manche Jungen oder Mädchen vergucken sich mal in Jungen und mal in Mädchen.

Vieles ist möglich

- Junge + Mädchen oder Mann + Frau = heterosexuell («hetero» bedeutet «das Andere» oder «ungleich» auf Griechisch).
- Junge + Junge oder Mann + Mann = homosexuell («homo» = «gleich» auf Griechisch).
- Mädchen + Mädchen oder Frau + Frau = homosexuell.
- Junge + Junge, Mädchen oder Mädchen + Junge, Mädchen oder Mann + Mann, Frau oder Frau + Mann, Frau = bisexuell («bi» = lateinische Vorsilbe für «zwei»).

Etwa 80 Prozent aller Erwachsenen sind strikt heterosexuell, drei Prozent sind homosexuell (also schwul oder lesbisch), 17 Prozent «gelegentlich homosexuell» (also bisexuell). (Vgl. http://www.bzga.de/botmed_13080000.html) Bei den jungen Menschen bis fünfzehn sehen die Zahlen ganz anders aus: 30 Prozent (also fast ein Drittel) verhalten sich «teilweise» und zehn Prozent «ausschließlich» homosexuell – mindestens jeder dritte Jugendliche hat also ein gleichgeschlechtliches Erlebnis!

Und obwohl es so viele sind: Weil anders oft auch beängstigend wirkt, wird «schwul» oder «lesbisch» häufig als Schimpfwort verwendet (vgl. www.bzga.de).

Gleichgeschlechtliche Liebe ...

	Jungen	Mädchen
kann Ich nicht nachvollziehen	53	48
ist für mich okay, solange das keiner von mir möchte	38	37
ist für mich befremdlich	37	23
ist was ganz Normales	16	36
kann ich mir für mich zum Ausprobieren vorstellen	1	10
ist schön	1	8

(Prozentzahlen)

(vgl. Dr. Sommer, Studie 2009)

Tatsächlich gibt es auch heute noch Menschen, die der Meinung sind, eine solche sexuelle Orientierung sei nicht normal oder gar krank. (Meist mit der biologischen oder religiösen Begründung: Wenn der Sex nicht zu Schwangerschaft und Babys führen kann, ist er sicher auch nicht gewollt.) Viele Eltern fragen sich auch, was sie falsch gemacht haben, wenn sie erfahren, dass ihr Kind dem eigenen Geschlecht zugetan ist. Inzwischen ist jedoch einigermaßen wissenschaftlich erforscht, was da passiert.

Das ist sicher!

- Weder Homosexualität noch Bisexualität sind Krankheiten.
- Weder Homosexualität noch Bisexualität sind anerzogen oder gelernt.

Die sexuelle Orientierung ist wahrscheinlich angeboren. Niemand kann also etwas dafür, in wen er sich verliebt. Und woran merkt man, dass man schwul, lesbisch oder bisexuell ist? Eigentlich ganz einfach, nur fühlt es sich leider sehr kompliziert und verwirrend an. In den Momenten, in denen du erwartest, dich langsam mal für Mädchen (oder Jungs) zu interessieren, bekommst du plötzlich und unerwartet Herzklopfen, feuchte Hände oder Schmetterlinge im Bauch (im Fall von Jungen oft auch: eine Erektion) beim «anderen» (also dem eigenen) Geschlecht. Es kann auch sein, dass du von Küssen fantasierst mit Jungen oder Mädchen – je nachdem, was du selbst bist.

Eine der größten Sorgen – neben der Frage, wie man *persönlich* damit umgeht – von jungen Menschen, denen es so geht, ist: Wie soll ich einen Freund oder eine Freundin finden, ohne versehentlich an Leuten rumzubaggern, die gar nicht schwul oder lesbisch oder bi sind? Die Lösung für den Anfang sind spezielle Treffs für homosexuelle Jugendliche; häufig werden solche Veranstaltungen von der lokalen Aids-Beratung durchgeführt, oder man kann dir dort zumindest sagen, wen du fragen kannst. Alle, die dort hingehen, bekennen sich wenigstens für den Augenblick zu ihrer Sexualität – oder experimentieren zumindest damit –, selbst wenn sie es zu Hause oder im Freundeskreis noch nicht tun. Auch im Internet findest du einige Organisationen, die speziell jungen Leuten helfen, sich zu orientieren und Gleichgesinnte zusammenzubringen. Dort kannst du dann flirten, was das Zeug hält – so wie andere Jugendliche auf jeder Party. Und wenn es dir nicht um Flirten geht, sondern du lediglich viele Fragen auf dem Herzen hast, dann trau dich ruhig, denn jede Frage bringt dich auf deinem Weg einen Schritt weiter.

Manchmal dauert es Jahrzehnte, bis Menschen genau wissen, dass sie homosexuell sind. Einigen ist es unangenehm, «anders» zu sein, sodass sie ihre Wünsche und Träume verleugnen. Bei anderen sind die Gefühle nicht wirklich eindeutig. Sich selbst darüber klarzuwerden, dass man auf Jungs, Mädchen oder beide steht, ist das eine. Das andere ist, es öffentlich zu zeigen. Den gesamten Prozess nennt man «Coming-out» (von «coming out of the closet», wörtlich: «aus dem Kleiderschrank kommen»). Die Wendung geht wohl darauf zurück, dass man ein «skeleton in the closet» hat (wörtlich: «ein Skelett im Schrank», entspricht unserer «Leiche im Keller»), wenn man sein ganzes Leben lang die sexuellen Wünsche geheim hält oder nur heimlich auslebt. Und aus diesem imaginären Schrank tritt man dann heraus.

Die Pubertät ist schwierig und unübersichtlich genug ohne solche Nebenschauplätze. Aber wenn du betroffen bist, dann ist das eben so. Es lohnt sich, zur eigenen Sexualität zu stehen, denn wer versteckt leben muss, hat weniger Unterstützung und Informationsmöglichkeiten.

Hilfe und Beistand

Bevor du es deinen Eltern sagst, wirst du wahrscheinlich mit Freunden oder auch Vertrauenspersonen sprechen (z. B. einem Jugendarzt oder dem Mitarbeiter einer Beratungsstelle). Leider gibt es keine bundeseinheitliche Beratung, ein guter Startpunkt im Internet ist aber «Du bist nicht allein» (www.dbna.de). Obwohl es sich so anfühlt: Du bist nicht allein! In den USA gibt es zu diesem Thema (weil die Selbstmordrate bei homosexuellen Jugendlichen leider um ein Vielfaches höher liegt als bei den heterosexuellen Altersgenossen) die Aktion «It gets better» (www.itgetsbetter.org), wo Prominente und Nichtprominente über ihr Outing erzählen und weshalb sie sich danach besser fühlten.

Um sich den Freunden und Eltern gegenüber zu «outen», braucht man ganz schön viel Mut. Vielleicht willst du es irgendwann einfach hinter dir haben und würdest am liebsten nach dem Abendbrot schnell nuscheln: «Übri gensichbinschwulbisspätergutenachtichmachjetzthaus aufgaben» und dann die Tür zu deinem Zimmer zuziehen, und am nächsten Morgen ist alles paletti. Aber leider läuft es so meistens nicht. Am besten wartest du auf einen ruhigen Moment, vielleicht abends oder am Wochenende. Dann sagst du deinen Freunden oder Eltern zum Beispiel: «Übrigens, da gibt es etwas, das ich euch sagen wollte. Ich habe gemerkt, dass ich homosexuell/schwul/lesbisch/bisexuell bin. Das wird euch vermutlich überraschen, mir ist es jedenfalls ganz schön schwergefallen, mich damit auseinanderzusetzen. Ehrlich gesagt, macht es mich sehr nervös, euch davon zu erzählen. Ich hoffe, ihr könnt es akzeptieren und mich unterstützen.» Dann folgt wahrscheinlich erst mal entgeistertes Schweigen, vielleicht ein paar Beteuerungen, dass das natürlich gar nichts ändert – aber so richtig darüber reden könnt ihr vermutlich erst ein paar Tage später, wenn alle Zeit hatten, über die Sache nachzudenken. (Vergiss nicht: Du beschäftigst dich schon seit längerer Zeit damit, deine Freunde oder Eltern seit ungefähr zehn Minuten.)

Die wenigsten Eltern haben sich damit bereits intensiv auseinandergesetzt, was es heißt, sich «nicht normal» zu fühlen. Du hast wahrscheinlich keine große Lust, dein Gefühlsleben haarklein auszubreiten, aber du machst ihnen – und damit dir – das Leben leichter, wenn du es tust.

Fast alles in diesem Buch gilt auch, wenn du homo- oder bisexuell bist. Das Thema «Verhütung» ist vielleicht nicht ganz so unmittelbar dringend – aber bitte trotzdem lesen, denn man kann nie wissen, in welcher Situation man endet. (Du findest darüber alles im Kapitel «Zu zweit oder bald zu dritt? Verhütungsmittel und Schwangerschaft», S. 215.)

Wichtig! Schutz vor Aids und HIV betrifft alle – *nicht nur schwule Jungen!* (Später mehr dazu.) Pubertät, die körperliche Entwicklung, Verliebtsein und Liebe funktionieren bei allen gleich. Du kannst also getrost weiterlesen.

Noch mehr Infos!

Es gibt aber viele ganz spezielle Fragen, die wir hier nicht alle ausführlich behandeln. Ein ganz guter Startpunkt hierfür ist die kostenlose Broschüre «Heterosexuell? Homosexuell?» der Bundeszentrale für gesundheitliche Aufklärung (www.bzga.de). Die kannst du auch gut deinen Eltern zum Lesen geben, die ebenso durcheinander sein werden wie du.

Auf alle Fälle sind Rollenverhalten und sexuelle Orientierung zwei unterschiedliche Dinge: Es gibt schwule Männer, die sehr feminin auftreten, und lesbische Frauen, die sehr männlich daherkommen. Viele Schwule und Lesben verhalten sich aber «ganz normal» männlich oder weiblich, entsprechen also den üblichen Rollenklischees, teilen aber das Bett mit dem gleichen Geschlecht.

Du ganz persönlich bist jedenfalls nicht das Klischee aus den Medien. Die allermeisten Schwulen und Lesben sind Menschen wie du und ich. In den Medien werden die 2 Prozent dargestellt, die schrill, laut und anders sind als die anderen, weil sich das verkauft. Mit diesem Vorurteil musst du dich als Jugendlicher auseinandersetzen.

Erstens, weil du für dich klären musst: Bist du auch so, musst du so sein? Und zweitens, weil alle anderen dich damit konfrontieren und du in eine Verteidigungsrolle gedrängt wirst von etwas, das eigentlich streng genommen nichts als Marketingmaschinerie irgendwelcher Medienmenschen ist. Lass dir daher auch nicht erzählen, Homosexuelle könnten keine stabilen, langen Beziehungen führen. Das ist falsch, und es gibt viele Gegenbeispiele, die normal gelebt und deshalb nicht publiziert werden (u. a. Modedesigner Tom Ford, Komikerin Ellen DeGeneres). Auch du musst nicht auf eine Familie verzichten. «Regenbogenfamilien» werden immer mehr zur Normalität. In vielen europäischen Ländern sind Adoption und künstliche Befruchtung bereits legal, und auch in Deutschland gibt es bereits zahlreiche Familien mit zwei Müttern oder zwei Vätern.

Dieser Stand der Dinge ist hart erkämpft – das wird alljährlich beim «Christopher Street Day» (kurz: CSD) oder «Pride Day» weltweit gefeiert. Dies bezieht sich auf einen Tag, an dem Dragqueens (Männer in Frauenkleidung) in New York City die Diskriminierungen satthatten und der Polizei die Stirn boten. Somit ist der CSD zugleich eine politische Demonstration für Gleichstellung und eine fröhliche Parade, denn es waren nicht die versteckten, angepassten Homosexuellen, die die heutige viel bessere Rechtslage erkämpft haben, sondern die schrillen Paradiesvögel, die Mut bewiesen.

Und ganz wichtig! Mit allen Fragen, egal ob zu Seele, Körper oder Sex, kannst du dich an deinen Arzt wenden, der alles, was du ihm erzählst, für sich behalten muss! (Ach, die gute alte Schweigepflicht – der Arzt hat nicht nur das Recht, zu schweigen, sondern ist tatsächlich auch dazu verpflichtet. Sonst macht er sich strafbar und verliert seinen Job.)

Zudem: Es gibt auch noch die Transsexualität, das heißt, dass man im Körper des «falschen Geschlechts» steckt. Man fühlt sich als Mann, ist aber eine Frau oder umgekehrt. In diesen Fällen können Ärzte mit Hormonen oder Operationen helfen, aber es ist trotzdem eine extrem schwierige Situation. Im Fernsehen wird überdurchschnittlich häufig von solchen Fällen berichtet, denn je ungewöhnlicher die Geschichte, desto größer das Publikumsinteresse. Tatsächlich betroffen sind etwa 0,01 Prozent der Bevölkerung. Wenn du vermutest, das könnte bei dir der Fall sein, sprich mit einem Arzt oder einem Mitarbeiter einer Beratungsstelle. Und keine Angst, auch Transsexuelle können ein normales Leben führen, einen Partner vor oder nach der Umwandlungs-Operation finden, sogar eine Familie mit Kindern gründen. Man muss letztendlich einfach immer nur zu sich selbst stehen, sich selbst akzeptieren und dies auch nach außen zeigen, dann strahlt man ein gesundes und starkes Selbstvertrauen aus, und das macht dich letztendlich sexy bzw. attraktiv für das andere oder gleiche Geschlecht.

WENN AUS GUTEN FREUNDEN EIN PAAR WIRD

Irgendwann – meist zwischen elf und dreizehn – freunden sich Jungen also mit Mädchen an und Mädchen mit Jungen. Sie laden einander zum Geburtstag ein, treffen sich zum DVD-Gucken, gehen ins Kino, schwimmen, shoppen, machen Hausaufgaben, lernen zusammen. Verstehen sich gut, quatschen endlos miteinander, und manchmal wird aus Freundschaft plötzlich Liebe. Davon war schon die Rede. Allerdings kann dabei auch eine ganz besondere Situation entstehen. Aus *einem* Freund wird *der* Freund.

Ist das normal? Ihr seid doch Freunde! Und wie soll es nun weitergehen?

Stück für Stück, Schritt für Schritt, Augenblick für Augenblick. Tatsächlich ist es ja so, dass in der Liebe eigentlich fast alles erlaubt ist, solange alle Beteiligten Spaß daran haben. Weil bereits Vertrauen besteht und weil sich deshalb auch eher Gelegenheiten bieten, ist es sehr häufig so, dass aus Freunden Paare werden.

Die erste oder eine der ersten Beziehungen haben die meisten Jugendlichen mit jemandem, der zuvor Teil ihres Freundes- oder engeren Bekanntenkreises war, oft ein Mitschüler oder eine Mitschülerin. Dadurch verändert sich natürlich alles, und deswegen empfindet man diese komische Unsicherheit. Denn gerade in dieser Zeit will man nicht unbedingt, dass sich noch mehr verändert.

Manchmal zerbricht die ganze Clique daran, weil plötzlich zwei nur noch Zeit allein verbringen. Oder die anderen sind total genervt, weil sie zwar zu den Treffen kommen, aber nur miteinander turteln. Vor allem aber: Du bist jetzt mit jemandem «zusammen», mit dem du bis vor kurzem vielleicht noch über Liebeskummer oder Beziehungsfragen gesprochen hast. Das geht jetzt nicht mehr oder nur noch schwer. Mit dem ersten Kuss gewinnst du einen Partner – und verlierst einen Freund.

Und zwar möglicherweise für immer. Denn ein Zurück zur sogenannten platonischen Freundschaft ist sehr schwer.

Vielleicht fragst du dich, wie es möglich sein kann, auf einmal in jemanden verliebt zu sein, der bislang nur ein guter Freund war. Darauf weiß niemand eine Antwort: Gefühle kommen und gehen. Man kann versuchen, sie zu beeinflussen (sowohl die eigenen als auch die der anderen), aber erzwingen lassen sie sich nicht.

Grundsätzlich stehen eure Chancen auf gemeinsames Glück aber eher besser als sonst, denn immerhin mochtet ihr euch ja an sich, ihr hattet euch etwas zu sagen oder habt gern etwas zusammen unternommen, schon bevor ihr zusammenkamt. Deshalb: Wenn aus zwei Freunden ein Paar wird, freu dich darüber und lass dich von der Unsicherheit nicht verschrecken.

Wichtig! Jede Beziehung – auch wenn aus Freunden Paare werden – bringt anfangs Fragen mit sich, immer unterschiedliche. Achtet darauf, was sich gut anfühlt für euch, womit ihr euch wohlfühlt.

Tipp! Säuselt einander nicht nur als (neues) Paar Liebesschwüre ins Ohr, sondern sprecht z. B. auch darüber, wie erstaunt ihr seid, dass aus euch Freunden ein Paar wurde. Äußert, wie sich das anfühlt. Dass ihr vielleicht Angst habt, bestimmte Dinge zu vermissen, die ihr als Freunde gern gemacht habt.

Solche Art Gedanken laufen auf der «Meta-Ebene» ab, weil man über etwas spricht, was nur abstrakt erfassbar ist, d. h., eine übergeordnete Sichtweise ist nötig. Das muss nicht Stunden dauern, aber es kann guttun, seine Gedanken und Empfindungen einmal auszusprechen. Mädchen sind manchmal besser in diesen Dingen, weil es ihnen ein Bedürfnis ist, über Gefühle zu reden. Jungs fällt es oft schwer, aber vielleicht gefällt es auch ihnen, sich und die neue Situation «philosophisch» zu ergründen. Denn auch so kann man(n) einem Mädchen nahekommen.

MEIN FREUND HAT EINE FREUNDIN – UND KEINE ZEIT MEHR FÜR MICH!

Kommt vor, ist aber trotzdem schmerzhaft: Ihr habt monate- oder jahrelang jede freie Minute miteinander verbracht, wart die besten Kumpel, habt euch alles erzählt – aber plötzlich bist du total abgemeldet, weil deine beste Freundin jetzt einen Freund/dein bester Freund eine Freundin hat. Das ist sehr verletzend, denn man fragt sich: Was hat er/sie, was ich nicht habe? In diesem Fall ist die Antwort jedoch sehr einfach: «Sex-Appeal», also erotische Anziehungskraft.

Wenn man verliebt ist, würde man am liebsten von morgens bis abends zusammen sein, und weder in den Gedanken noch im Kalender ist Platz für irgendetwas oder irgendjemand anderen. Das hat, obwohl es dich betrifft, nichts mit dir zu tun. Es ist ja nicht so, als wäre ein Freund durch einen anderen Freund abgelöst worden, sondern eine Art Freundschaft ist durch eine andere Art Freundschaft (nämlich eine Liebesbeziehung) zumindest zeitweilig verdrängt worden.

Das alles ist kein Trost, wenn deine beste Freundin oder dein bester Freund plötzlich nichts mehr mit dir zu tun haben will – aber es ist wenigstens eine Erklärung. Und: Das gibt sich auch wieder. Man kann sich das vorstellen, als ob man mit Freunden gemeinsam ans Meer fährt – der eine liegt vielleicht die ganze Zeit am Strand, der andere ist im Wasser; aber selbst wenn man gemeinsam in den Wellen tobt, wird einer vielleicht von einer Woge umgerissen, der oder die andere jedoch nicht. (Die Woge ist hier natürlich ein Symbol für die Hormonwellen im Körper. Poetisch – ja, so sind wir!)

Wahrscheinlich würdest du umgekehrt genauso handeln. Die Gefühle, wenn man frisch verliebt ist (und nicht nur beim ersten Mal), sind so intensiv, dass sie alles andere einfach überschreiben. Dir bleiben nur zwei Möglichkeiten: Du kannst dich beleidigt in dein Schneckenhaus zurückziehen – oder du kannst deine Freundin freundlich (!) darauf aufmerksam machen, dass du auch gern mal wieder Zeit mit ihr verbringen würdest. Vorwürfe bringen gar nichts.

Häufig ist es so, dass nach den ersten Tagen oder Wochen der Gemeinsamkeit die beiden Turteltauben sehr wohl das Bedürfnis verspüren, auch mal wieder etwas allein bzw. zusammen mit anderen zu unternehmen. (Und dasselbe gilt natürlich auch alles im umgekehrten Fall, wenn dein bester Freund auf einmal eine Freundin, aber dafür keine Zeit mehr für dich hat.)

Am besten schlägst du etwas vor, was ihr gern zu zweit macht und wozu der Freund deiner Freundin sowieso keine Lust hat. Bei Jungs also vielleicht eine Sportveranstaltung oder ein Konzert, bei Mädchen möglicherweise einen Einkaufsbummel oder einen Kitschfilm. Und dann wartest du geduldig, was passiert. Nicht öfter als einmal die Woche nachfragen! Bleib möglichst gelassen – die meisten Beziehungen in diesem Alter dauern nur wenige Wochen oder Monate, auch wenn die einem wie eine Ewigkeit vorkommen können.

Ein Tipp für alle Fälle! Sobald sich bei deinem besten Freund oder deiner besten Freundin eine Beziehung anbahnt, verständnisvoll sagen, dass du dich für das neue Paar freust und denen eine Rosarote-Brille-Phase von drei Monaten zugestehst (so lange dauert normalerweise die erste Verliebtheitsphase). Danach wäre dann aber mal wieder ein Treffen zwischen euch beiden angebracht. Natürlich sollte es grundsätzlich zwischen euch klar sein, dass man sich trotz neuer Beziehung immer auf den besten Freund verlassen kann, wenn man eine sehr schlimme Phase durchlebt. Einfachste Lösung ist tatsächlich: Versucht euch mit dem neuen Partner des besten Freundes gut zu verstehen, dann kann man mit viel Spaß auch gemeinsame Unternehmungen machen!

EIFERSUCHT:
NICHTS TUN
IST DIE BESTE LÖSUNG

«Eifersucht ist eine Leidenschaft, die mit Eifer sucht, was Leiden schafft», besagt ein bekanntes Sprichwort nach Franz Grillparzer. Das hilft einem zwar ungefähr so viel weiter wie «Früher Vogel fängt den Wurm», aber es stimmt.

Was genau ist Eifersucht? Das ist dieses stechende Gefühl, wenn du dich fragst, warum sie mit einem anderen spricht, tanzt, den Nachmittag verbringt. Es ist diese Unsicherheit und Trauer, die du empfindest, wenn er im Bio-Unterricht neben einer anderen sitzt oder mit einem anderen Mädchen etwas unternimmt. Die Verwirrung, ob du dich auf ihre Gefühle verlassen kannst – oder nicht. Eifersucht ist im Grunde also nichts anderes als Misstrauen.

Weil das Gefühl zu gleichen Teilen auf Zuneigung oder Verliebtsein (starke Emotionen) sowie Besitzstreben (auch ein sehr intensiver Drang) zurückgeht, kann Eifersucht wie ein Feuer brennen oder einen wie eine große Welle mitreißen. Man macht dann die dümmsten Sachen: dem anderen hinterherschnüffeln, seine SMS lesen, Drohungen aussprechen («Wenn du dich noch einmal mit ihr triffst, ist es aus mit uns»). Es gibt sogar Leute, die demjenigen, den sie eigentlich am liebsten mögen, raffinierte Fallen stellen, indem sie zum Beispiel eine Freundin anheuern, um mit ihm zu flirten – und wenn er dann mitmacht, gibt es riesigen Ärger!

Oft gibt es gerade unter jungen Menschen gute Gründe für Eifersucht. Beziehungen sind kurz, die Konkurrenz ist groß und «Gelegenheit macht Diebe», wie man so schön sagt. Das ändert aber nichts daran, dass du deinem Freund oder deiner Freundin entweder vertrauen kannst – oder eben nicht. Richtig und wichtig ist, darüber zu sprechen, ob ihr die Sache grundsätzlich ähnlich seht. Seid ihr ein festes Paar (die Amerikaner sagen dann: «We are exclusive»), oder ist der Deal: Rumflirten erlaubt? Was ist okay, was stört dich oder deinen Partner (z.B. wird es sich nicht vermeiden lassen, auf einer Party auch mal mit jemand anderem zu tanzen, und im Grunde ist dagegen ja auch gar nichts einzuwenden. Aber man muss dann ja nicht gleich mit dem anderen fummeln oder rumknutschen). Wenn ihr euch beide als festes Paar anseht, sind die üblichen Grenzen in etwa so.

Das ist okay

- Blickkontakt zu anderen halten, lächeln, freundlich unterhalten.
- Tanzen in der Tanzschule, auch tanzen auf Partys, aber höchstens ein langsamer Song pro Fremdem oder Fremder.
- Verabredungen ohne dich, solange mehr als zwei daran beteiligt sind.

Lieber nicht

- Händchen halten, kuscheln, knutschen, fummeln.
- Sex mit anderen.
- Verabredungen zu zweit (ohne dich).

Wenn du wirklich mal eifersüchtig wirst, ist es am besten, das dem anderen zu sagen. Denn wenn er dich wirklich mag, wird er nicht wollen, dass du dich so mies fühlst. Vielleicht hat er gar nicht bedacht, wie sein Verhalten für dich aussieht. In diesem Fall wird er es sicher freiwillig lassen. Darüber hinaus solltest du dich von diesem unschönen Gefühl nicht zu sehr mitreißen lassen. Wenn du tatsächlich Grund zur Eifersucht hast, weil er wirklich mit anderen flirtet, kannst du eh nichts dagegen machen. Auf die meisten Menschen wirkt Eifersucht oder Klammern eher beengend und abstoßend, sodass du die Situation höchstwahrscheinlich verschlimmerst. Erfolgversprechender ist es, deinerseits etwas dafür zu tun, dass du dich gut fühlst. Das sollte nicht unbedingt heißen, dass du nun ebenfalls fremdflirtest (durch diese Spielchen sind schon viele Beziehungen kaputtgegangen). Aber dein Freund oder deine Freundin ist nicht allein dafür zuständig, dass es dir gutgeht – unternimm Sachen, die dir Freude machen, und du wirkst insgesamt attraktiver, auch für deinen Freund bzw. deine Freundin. Je weniger du der Eifersucht nachgibst, desto schneller wird sie vergehen. Zugegeben: Manchmal ist Eifersucht ein Alarmsignal und wenig später trennt ihr euch tatsächlich. Aber das wäre auch ohne die Eifersuchtsattacken passiert.

Deshalb unser ausdrücklicher Rat! Lass dich von der Eifersucht so wenig wie möglich beeinflussen und gefangen nehmen. Frag dich, wie du handeln würdest, wenn du nicht ängstlich, eifersüchtig und zornig wärst, und tu dann genau das.

Damit wollen wir keineswegs sagen, dass du dich von deinem Freund oder deiner Freundin schlecht behandeln lassen solltest. Wenn sie fremdflirtet oder -geht, um dich zu verletzen (oder es ihr jedenfalls egal ist), dann nichts wie weg! Der Schmerz über ein derart gemeines Verhalten ist aber auch keine Eifersucht, sondern in Wahrheit eigentlich Frust und Ärger darüber, dass man mit jemandem zusammen ist, mit dem man sich schlechter fühlt als alleine. In einem solchen Fall: siehe nächstes Kapitel!

AUS, SCHLUSS, VORBEI!

Sich von dem Partner zu trennen – man sagt auch «miteinander Schluss zu machen» – ist nie schön. Nicht für denjenigen, der sich trennen will, und erst recht nicht für den anderen. Oft geht der Trennung eine Zeit der Unsicherheit voraus, in der sich alles «irgendwie anders» anfühlt. Du hast vielleicht weniger Lust, dich mit ihm zu treffen. Schiebst andere Verabredungen oder Verpflichtungen vor. Denkst an einen anderen, wenn du bei ihm bist. Häufig schleppt man eine etwas abgestandene Beziehung noch eine Zeitlang durch, in der Hoffnung, dass es bald wieder besser wird – da schlägt plötzlich der Blitz ein, und du verliebst dich Hals über Kopf in jemand anderen! Spätestens das ist der Moment, in dem du Mut beweisen und der Sache ein Ende bereiten solltest.

(vgl. Dr. Sommer, Studie 2009)

Wie macht man miteinander Schluss? Auf jeden Fall: Persönlich! Ja, man kann sich auch am Telefon voneinander trennen, per E-Mail oder SMS, aber wenn jemand dich sehr mag und du ihn oder sie auch zumindest mal sehr mochtest, dann kratz deinen Mut zusammen und benimm dich anständig!

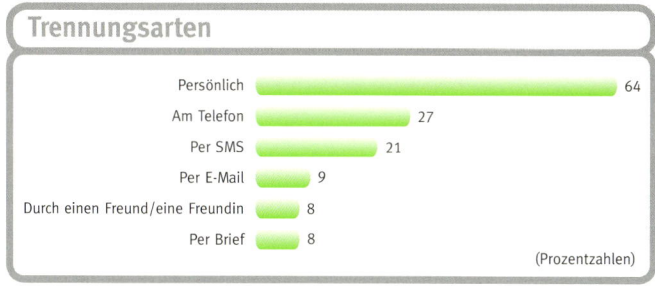

Trennungsarten

Persönlich	64
Am Telefon	27
Per SMS	21
Per E-Mail	9
Durch einen Freund/eine Freundin	8
Per Brief	8

(Prozentzahlen)

(vgl. Dr. Sommer, Studie 2009)

Die beliebteste Formulierung ist immer noch: «Es liegt nicht an dir, es liegt an mir. Ich habe mich verändert.» Und so blöd das klingen mag – es stimmt. Denn hättest du nicht dich und deine Meinung geändert, wärst du ja weiter in deine zukünftige Ex/deinen zukünftigen Ex verliebt. Wer sich trennt, ist ohnehin besser dran, denn er hat es kommen sehen (und ist oft auch schon wieder anderweitig unterwegs).

Deshalb! Nicht fies werden, keine Gemeinheiten. «Ich kann mir ein Leben ohne dich nicht vorstellen, deshalb probier ich das jetzt mal aus», «Dein Mundgeruch hat mich schon immer gestört», «Du küsst, wie ein Hund schlabbert» – das mag alles stimmen, aber behalt es für dich!

Was solltest du wissen, wenn jemand mit dir Schluss macht?

Wenn mit dir Schluss gemacht wird, trifft dich das vermutlich wie ein Keulenschlag. Damit hast du nicht gerechnet, eben war doch alles noch in Ordnung, was hast du bloß falsch gemacht? Die meisten von uns müssen auch weinen, weil es so wehtut, wenn man gesagt bekommt, dass derjenige, in den wir verliebt sind, uns nicht (mehr) liebt. Weinen ist okay. Sich trösten lassen auch. Aus dem In-den-Arm-Nehmen zum Trösten wird dann manchmal doch wieder mehr (Küssen oder Sex, je nachdem, wie weit ihr schon wart). Auch das ist okay – aber es bringt die Liebe nicht zurück. Dir bleibt nur eins: Putz dir die Nase, wisch dir die Augen und verabschiede dich. Ruf deine beste Freundin oder deinen besten Freund an. Heul dich aus. Schrei, wein, verfluch deine(n) Ex.

Lohnt es sich, zu versuchen, wieder zusammenzukommen? Erfahrungsgemäß nicht. Manchmal klappt es, aber meist endet es mit einer zweiten, noch viel schmerzhafteren Trennung. Du kannst niemanden zwingen, dich zu mögen oder zu lieben. Du kannst das Herzklopfen, das er mal hatte, wenn du in den Raum kamst, nicht wieder herzaubern (deswegen sind solche Fähigkeiten ja der Stoff, aus dem die Märchen und die guten Filme sind).

Mädchen brauchen im Durchschnitt 48 Tage, bis der Liebeskummer vorüber ist, Jungen 30 Tage (vgl. Dr. Sommer, Studie 2009). Manche Menschen trauern länger, andere kürzer. Aber so unmöglich sich das jetzt anhören mag: So wie das Verliebtsein irgendwann einfach da war, so ist auch der Liebeskummer irgendwann einfach weg. Du musst nur durchhalten bis dahin! (Mehr dazu im Kapitel «Liebeskummer lohnt sich nicht – ist aber unvermeidlich», S. 123.)

Spioniere ihm bzw. ihr nicht hinterher. Niemals. Lass deine Wut ruhig raus, fahr z. B. in den Wald und schrei, so laut du kannst. Gib nicht dir die Schuld (und auch nicht ihm oder ihr) – es hat eben einfach nicht geklappt. Zum guten Schluss: Hier noch ein paar Tipps für Sonderfälle:

Was solltest du tun, wenn du mit jemandem Schluss gemacht hast?

- Wenn dein Ex droht, sich etwas anzutun, informiere so schnell wie möglich seine Eltern. Das ist kein Petzen, sondern vielleicht lebensrettend. (Wenn er es ernst gemeint hat, wird er dir später dankbar sein, und wenn er es nicht ernst gemeint hat – selber schuld!)

- Du solltest dich konsequent zurückziehen, um die Sache nicht noch anzuheizen. Oft spricht man von einem halben Jahr, das vergehen muss, damit man versuchen kann, wieder Freunde zu werden. Aus Respekt deinem Ex gegenüber solltest du den Kontakt also absolut unterbinden, auch wenn er dich beschimpft und sagt, dass er dich gerade jetzt am meisten braucht. Diese Zeiten sind nun leider vorbei.

- Meistens steht man als «Schlussmacher» in den Augen der anderen als die stärkere Person da und manchmal sogar als die böse Person, die einen großen Fehler begangen hat. Lass dich nicht davon beirren, steh zu deiner Entscheidung. Du hast jedes Recht der Welt, eine Beziehung, die dich nicht mehr glücklich macht, zu beenden.

- Oft wird vergessen, dass auch diejenige Person, die sich trennt, Trauergefühle haben kann. Selbst wenn du einen neuen Partner hast, musst du auch erst mal deine vergangene Beziehung verdauen und dich an die neuen Umstände gewöhnen. Du darfst dich ruhig auch mal bei Freunden ausheulen, du kannst auch ruhig sauer sein, dass die Beziehung kaputtgegangen ist, denn schließlich hattet ihr auch schöne Zeiten, die dir immer in Erinnerung bleiben werden.

Gefühle bei Liebeskummer

Top 8: Jungen
(in Klammern: Prozentzahlen)

1. Es hat sehr wehgetan. (39)
2. Ich war sehr traurig, unglücklich. (36)
3. Gefühlschaos, konnte nur noch an sie denken. (16)
4. Ich war wütend, sauer. (15)
5. Hatte zu nichts mehr Lust. (13)
6. Hatte Minderwertigkeitsgefühle, hab mich einsam und allein gefühlt. (13)
7. Wollte allein sein, mich verkriechen. (12)
8. Hab mich abgelenkt, mit Freunden getroffen. (12)

Top 8: Mädchen

1. Ich war sehr traurig, unglücklich. (49)
2. Es hat sehr wehgetan. (33)
3. Hatte Minderwertigkeitsgefühle, hab mich einsam und allein gefühlt. (30)
4. Musste weinen. (20)
5. Gefühlschaos, konnte nur noch an ihn denken. (19)
6. War wütend, sauer. (14)
7. Wollte allein sein, mich verkriechen. (14)
8. Hab mich abgelenkt, mit Freunden getroffen. (14)

(vgl. Dr. Sommer, Studie 2009)

LIEBESKUMMER
LOHNT SICH NICHT –
IST ABER UNVERMEIDLICH

Liebeskummer kann man aus zwei Gründen haben: *Erstens:* Jemand hat sich von dir getrennt, du bist aber noch verliebt. *Zweitens:* Du bist in jemanden verliebt, der nicht in dich verliebt ist oder der nichts davon weiß, dass du verliebt bist (man nennt das auch: «unglücklich verliebt sein»). Fall zwei kann auch eintreten, wenn du dich in einen Lehrer, Sänger oder Moderator verliebst.

Liebeskummer ist eine richtig gemeine Sache. Mal ist er intensiv und schmerzhaft, sodass man an nichts anderes denken kann und gerade überhaupt keine Lust hat, irgendetwas zu unternehmen. Darüber hinaus verdammt er einen im Grunde zum Nichtstun. Einzige Ausnahme: Du bist verliebt, aber dein Schwarm weiß nichts davon – dann kannst du es ihm sagen oder zeigen. Vielleicht hast du Glück, und ihr kommt zusammen. Vielleicht hast du auch Pech, und es wird nichts draus, aber zumindest hast du es dann versucht. Jedenfalls hast du nichts zu verlieren, denn – wie sagt man so schön – ein «Nein» hast du schon. Daraus kann ein «Ja» werden. Oder es bleibt alles, wie es ist. (In diesem Fall hast du also mindestens eine Fünfzig-Prozent-Chance, dass es dir bessergehen wird als vorher.)

Hinter Liebeskummer steht eine große Unsicherheit. Die ist Stress für den Körper, deswegen schüttet der die Aufputschhormone Adrenalin und Cortisol aus, die uns Energie geben sollen, um die Krise zu überstehen. Auf die Dauer können diese Stoffe tatsächlich zu echten Herzschmerzen führen, weil sie das Herz sozusagen auf Turbo schalten. (Weinen hilft, denn Tränen – und körperliche Aktivität, also Sport – bauen Stresshormone ab.) Darum haben wir bei Liebeskummer auch keinen Hunger. Der Körper ist im permanenten Alarmzustand und (biologisch betrachtet) in ständiger Fluchtbereitschaft, will sich also nicht mit einem vollen Bauch beschweren. Hinzu kommt, dass Liebesgefühle in Hirnregionen stattfinden, in denen sich auch Drogensucht abspielt, deswegen kann man das Gefühl bekommen, «abhängig» von der Liebe zu sein, und deswegen fühlt sich das Ende einer Liebe (oder die Unmöglichkeit einer Beziehung) auch wie eine Art schmerzhafter Entzug an.

«Liebeskummer lohnt sich nicht, my Darling», so heißt es in einem bekannten Oldie. Aber wenn man ihn hat, kann man akut wenig dagegen tun. Für Erwachsene (insbesondere Eltern) ist es oft schwer nachvollziehbar, warum einen der Blues so tief runterzieht und total gefangen nimmt. Das ist merkwürdig, denn natürlich ging es ihnen früher ganz genauso. Aber steckt man gerade in der Misere, sieht das Ganze eben anders aus. Und falls deine Eltern sich getrennt haben oder Eltern deiner Freunde sich trennen, dann kannst du – egal, wie viel Mühe sie sich geben zu funktionieren – deutlich sehen, dass auch Erwachsene Liebeskummer haben: falls sie nicht mehr geliebt werden, wenn sie sich einsam und verlassen fühlen, wenn sie sich neu verlieben und daraus vielleicht nichts wird.

Allerdings haben Erwachsene (und Eltern ganz besonders) mit den Jahren gelernt, dass man trotz aller Gefühle bestimmte Dinge tun muss: arbeiten, essen, schlafen, einkaufen ... Und dass es besser ist, sich einfach auch abzulenken. Das geht wirklich, und es hilft sogar ein bisschen. Zudem kann man echt mal ausführlich darüber diskutieren, ob man alle diese Sachen wirklich tun «muss» – oder ob der emotionale Schmerz nicht einfach zu groß ist. Genau dieses Problem lässt auch manchen Erwachsenen nach einer Trennung (oder einem anderen einschneidenden Frusterlebnis, z.B. einer Kündigung des Jobs) mit einem Bier in der Hand vor dem Fernseher verzweifeln. Lass dir also nicht vormachen, die Tiefe und Intensität deiner Gefühle wären falsch. Sie sind vielleicht unpraktisch (für die Schule oder den Tagesablauf) und unangenehm (für die anderen, aber auch für dich). Aber sie sind, wie sie sind.

Das Einzige, worüber sich nachzudenken lohnt, ist die Frage, an welcher Stelle du aus diesem dunklen Tunnel wieder rauskommen willst oder kannst. Falls sich jemand von dir getrennt hat, willst du dich vielleicht ändern und wieder mit ihr/ihm zusammenkommen. Das klappt sogar manchmal – ist aber furchtbar anstrengend, weil du nicht du selbst sein kannst, sondern versuchst, für jemand anderen eine Rolle zu spielen. Und es endet meist doch mit einer zweiten Trennung.

Deshalb unser Rat! Beiß die Zähne aufeinander und lass sie/ihn gehen. Du musst ja nicht gleich alle Fotos und Briefe verbrennen, aber du kannst sie z.B. in eine Schuhschachtel packen und auf den Dachboden stellen, damit du nicht andauernd an sie/ihn erinnert wirst. Unternimm etwas mit Freunden, die du vor der Beziehung hattest und die du vielleicht in den letzten Wochen oder Monaten vernachlässigt hast. Schreib dir deinen Frust, deine Wut und deine Trauer in einem Tagebuch von der Seele. (Kann auch am Computer sein. Aber lieber nicht auf Facebook oder sonst wo posten.)

Absolut verboten!

Sich für die Trennung rächen. Ganz egal, ob du Nacktfotos von ihr oder Bilder, die ihn im Vollrausch zeigen, rumschicken kannst oder im Internet über sie herziehen willst – tu es nicht! Ja, du fühlst dich verraten und verkauft. Fragst dich, wie viel das ganze Vertrauen zwischen euch wert gewesen sein kann. Vielleicht hat sie dich auch betrogen oder auf eine besonders fiese Art abserviert. Beweise trotzdem

Größe und Anstand! Tu niemals aus Zorn oder Trauer etwas, worüber du dich umgekehrt ärgern würdest, wenn es dir passiert. (Und: «Ich fände das schon okay, denn ich hätte es ja nicht anders verdient» ist keine Begründung für jeden Mist, den du machen willst!)

Bist du unglücklich in jemanden verliebt, den du kennst, dann solltest du unbedingt versuchen, die Situation zu verändern. Such seine Nähe. Sprich ihn an der Bushaltestelle, im Supermarkt oder auf dem Pausenhof an. Wenn du dich nicht traust, dann überleg dir vorher eine Ausrede, um ihn anzusprechen. Je nachdem, woher ihr euch kennt oder wo ihr euch regelmäßig trefft, kann das ein Schulthema oder etwas anderes sein. Komplimente sind immer gut: «Ich finde dein T-Shirt klasse, wo hast du denn das her?», oder: «Du kannst so gut tanzen/du weißt so viel über Mathe/Filme, und ich habe da mal eine Frage ...» Ergibt sich ein freundliches Gespräch, versuche, dich mit ihm zu verabreden. Klappt es, ist das nächste Etappenziel Hautkontakt (z.B. Hand an Hand, dann Hand auf Hand). So blöd dir die Vorstellung vorkommen mag, du kannst auch einfach sagen: «Ich finde dich nett und würde dich gern näher kennenlernen. Können wir uns mal verabreden?» Oder bei dem Treffen selbst: «Ich muss dir was sagen – ich finde dich wirklich richtig nett, ich glaube sogar, ich habe mich in dich verliebt. Ist das okay?» (Die Frage am Schluss ist eigentlich unsinnig, denn natürlich ist es okay, wenn du dich verliebst, aber sie stellt eine Aufforderung an dein Gegenüber dar, selbst Stellung zu beziehen.)

Bonus-Tipp! Gerade die Leute, die dir unerreichbar vorkommen, weil sie besonders gut aussehen oder extrem

beliebt sind, freuen sich meist, wenn man offen auf sie zugeht, sie anspricht oder sich mit ihnen verabreden möchte. Denn genau weil sie so unerreichbar wirken, trauen sich nur wenige wirklich nah an sie heran!

Erntest du eine Ablehnung, hast du nichts verloren (denn vorher warst du auch nicht mit ihm/ihr zusammen). Dann musst du mit deinem Liebeskummer eine andere Richtung einschlagen – siehe oben – und warten, bis er vergeht bzw. daran arbeiten, dass er vergeht.

Hast du dich in jemanden verliebt, der für eine Beziehung nicht infrage kommt (häufig ein Lehrer) oder zu dem du gar keinen Kontakt aufnehmen kannst (Schauspieler, Sportler usw.), solltest du ebenfalls versuchen, diese Gefühle langsam ausklingen zu lassen. Es ist nichts einzuwenden gegen leidenschaftliche Schwärmerei für Stars oder Berühmtheiten. Aber wirklich *verlieben* kann man sich nur in Menschen, die man kennt (sonst ist man höchstens begeistert davon, wie man sich vorstellt, dass jemand ist). Theoretisch kannst du natürlich versuchen, jemandem aufzulauern, ihm zu schreiben oder ihn kennenzulernen. Aber daraus wird normalerweise nichts – deine Briefe oder Mails bekommt bestenfalls das Management zu Gesicht, und wenn du wirklich einem Star abends vor dessen Wohnung auflauerst, um ihn anzusprechen, wirkt das auf ihn sicher eher beunruhigend als sympathisch und einnehmend. Kurz: Wenn du nicht zufällig jemanden persönlich kennst, der zufällig berühmt ist (und dann sollte das eigentlich egal sein), dann wirst du in diesem Feld aller Wahrscheinlichkeit nach keine zwischenmenschliche Beziehung starten können. (Übrigens sind es meist Mädchen, die für Lehrer oder Stars schwärmen, Jungen weit seltener. Die scheinen mit einer «echten» Freundin vollauf zufrieden zu sein.)

Kurz gesagt: Liebeskummer ist sehr real und sehr unangenehm. Wie Klassenarbeiten oder Zahnschmerzen. Deshalb solltest du alles daransetzen, ihn hinter dir zu lassen oder loszuwerden. In extremen Fällen kann es sich so anfühlen, als würdest du nie (wieder) jemanden finden können, der dich mag oder der zu dir passt. Aber das stimmt nicht. Dazu gibt es einfach zu viele Menschen auf der Welt. Vielleicht findest du nie wieder jemanden, der so gut zu dir passt, aber ganz sicher kannst du jemanden treffen, der *anders* zu dir passt. Die Annahme, dass es «den einen, einzigen, unzweifelhaft allerbesten Partner» gibt oder geben könnte, wird von Kitschromanen und Liebesfilmen zwar aufrechterhalten. Und wenn eine Beziehung gut läuft, fühlt sie sich auch tatsächlich so an. Aber in Wahrheit erfordern alle Beziehungen Kompromisse, keine ist auf allen Ebenen für immer optimal.

Lass dich also weder einschüchtern von der Intensität deiner Gefühle noch vom möglichen Unverständnis deiner Eltern. Sei du selbst, fühl, was du fühlst, und mach weiter mit deinem Leben!

Teil 2

KÖRPER, SEX UND ANDERE ÜBERRASCHUNGEN

Fleisch! Werwölfe haben unbändige Lust auf Fleisch!

Sex, so sagt man oft, ist wie Schwimmen oder Fahrradfahren – im Grunde nicht schwierig, und wenn man's einmal kapiert hat, verlernt man es auch nie mehr. Da ist was dran, aber die meisten von uns können sich an ihre erste Radtour oder die erste Bahn im großen Becken nicht mehr erinnern. Der erste Sex aber ist etwas ganz Besonderes. In den meisten Kulturen markiert dieser Moment gefühlt den Übergang vom Jungen zum Mann, vom Mädchen zur Frau.

Verliebtsein und Liebe ist viel mehr als nur Sex: Es ist, sich zusammen wohl zu fühlen. Sich zu freuen, wenn der andere da ist. Mit ihm oder ihr lieber Zeit zu verbringen als mit jedem anderen (was nicht heißen muss oder soll, dass du deine Clique oder die Schule komplett vernachlässigen müsstest, weil du einen Freund oder eine Freundin hast).

Und doch ist miteinander zu schlafen – oder sich zu entscheiden, das eben noch nicht zu tun – von entscheidender Bedeutung für die allermeisten Jugendlichen. Und, ehrlich gesagt, bleibt das bis ins hohe Alter so. Auch wenn dir die Vorstellung von Sex im Alter vielleicht gerade den Appetit verdirbt. Grund genug, sich mal genau mit den entsprechenden Körperteilen und Vorgehensweisen zu beschäftigen.

WIE SIEHST DU DENN AUS?

Eine kleine Anatomiestunde ist heutzutage nur noch so weit entfernt wie der nächste Computer oder das nächste Smartphone. Man kann im Netz fremden Menschen kostenlos tief in jede Körperöffnung schauen. Hinzu kommen halbnackte Personen auf jedem zweiten Zeitschriftencover und Sexualkundeunterricht ab dem Kindergarten.

Aber wenn man dann das erste Mal nackt vor jemandem steht oder neben jemandem liegt, ist es doch etwas ganz anderes. Wenn du das erste Mal deinen Blick über die Haut deines Freundes oder deiner Freundin gleiten lässt und gar nicht weißt, wo du zuerst hinschauen sollst, jetzt wo du überall hinschauen darfst – das ist aufregend, erregend, vollkommen neu. Wie sieht er oder sie also aus, wenn er/sie vor dir steht?

Vielleicht fallen dir bei genauerer Betrachtung deines Gegenübers die typischen Probleme junger Werwölfe auf: ein bisschen Babyspeck hier, ein Pickelchen da ... Apropos Pickel: Du weißt mittlerweile, was du gegen sie tun kannst (falls du es noch einmal nachlesen möchtest, schau doch einfach auf Seite 42 vorbei). Aber weißt du auch, was es mit den ganzen nervigen kleinen Pusteln auf sich hat?

Die ganze Haut ist voller Talgdrüsen. Wenn die erkranken und sich entzünden, nennt man das «Akne». Das Ergebnis sind Pickel, die oft anschwellen und sich mit Eiter füllen. Sie werden dick, leuchten rot, tun bei Berührung weh, und wenn man sie ausdrückt, schießt der Eiter quer über den Tisch der Klassenkameradin ins Gesicht. Ach, und Narben kann man davon auch noch kriegen.

Die meisten Pickel sitzen schick auffällig mitten im Gesicht, gern auf der Stirn, an der Nase und am Kinn, aber auch im Nacken und auf dem Rücken. Obwohl du vielleicht das Gefühl hast, dass alle dich und deine Pickel anstarren, ist das wahrscheinlich gar nicht der Fall. Achte mal darauf, wie sehr dich deine Pickel beschäftigen und stören und wie wenig du auf die Pickel der anderen achtest. Denen geht es umgekehrt genauso. Und in der Regel ist es immer von Vorteil, wenn man sich nicht zu viele Gedanken macht, denn einen netten, offenen, selbstbewussten und unbeschwerten Menschen mit Pickeln hat jeder lieber in seinem Umfeld als einen Griesgram mit glatter Haut. Also schalte die Gedanken an deine Pickel ab und sei einfach du selbst! (Das gilt übrigens auch für alle anderen Dinge, die deinen Körper betreffen und über die du dir eigentlich zu viele Gedanken machst, wie zum Beispiel dich zu fragen: kleiner Busen, zu großer Busen, kurze, dicke Beine, zu wenig in der Hose, dicker Bauch, Hühnerbrust etc.?)

Akne und Pickel sind in erster Linie die Folge des ungeregelten hormonellen Hochbetriebs in der Pubertät. Der eine ist stärker betroffen, der andere weniger – Jungen meist heftiger als Mädchen. Das kann man nicht weiter beeinflussen. Egal, wie schlimm es momentan aber ist – du kannst sicher sein, dass der Spuk nach spätestens zwei Jahren vergeht!

Es gibt jedoch ein paar Dinge, die zu noch mehr Pickeln führen, und andere, die zumindest die Entzündungen schneller abklingen lassen. Falls du extrem starke Akne haben solltest, musst du außerdem mit deinem Jugendarzt darüber sprechen (alles Weitere über den Arztbesuch findest du im Kapitel «Besuch beim Jugendarzt und Gynäkologen», S. 233), der dich vermutlich zu einem Hautarzt schicken wird. In manchen Fällen ist eine Behandlung mit Medikamenten sinnvoll und angebracht. Im Zweifelsfall: fragen! Folgende Gerüchte sind jedenfalls unwahr:

- Pickel bekommt man von sexuellen Gedanken und Handlungen
- Pickel bekommt man von (zu viel) Schokolade
- Pickel sind ein Zeichen von mangelnder Hygiene (Schminke, Schweiß)
- Pickel an der Stirn bilden sich, weil durch die langen Haare keine Luft an die Haut kommt

Du siehst also, du kannst das gar nicht weiter beeinflussen. Aber mit der Werwolfzeit vergehen schließlich meist auch die Pickel. Also ärgere dich nicht!

DER «KLEINE» UNTERSCHIED – KÖRPERBAU VON MÄDCHEN UND JUNGEN

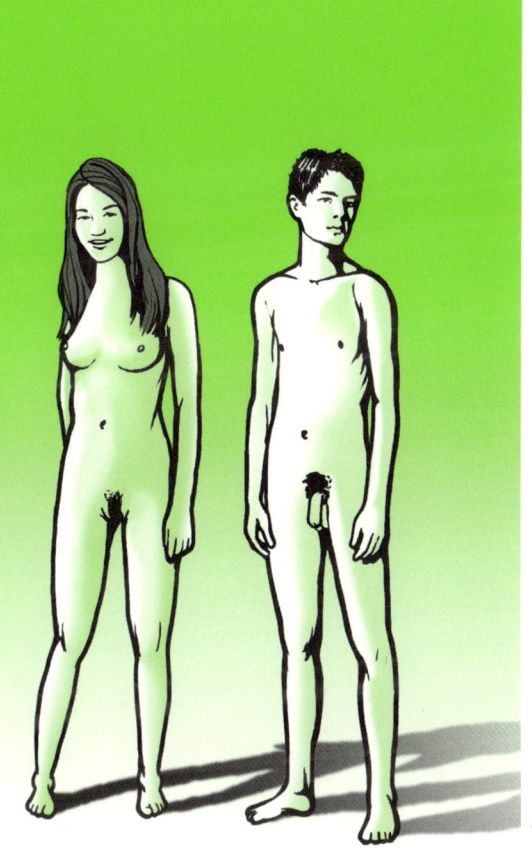

Es gibt primäre und sekundäre Geschlechtsmerkmale. Zu den primären gehören die Körperteile, die direkt zur Fortpflanzung benötigt werden, also vor allem Vagina und Eierstöcke, Penis und Hoden. Die sekundären Geschlechtsmerkmale sind im Grunde zum Vergnügen da. Sie helfen aber auch bei der Auswahl des richtigen Partners – Stichwort «Attraktivität». Und sie unterstützen Eltern bei der Aufzucht ihrer Nachkommen: Mit der Brust können Mütter ihre Säuglinge stillen. Manchmal wird auch zwischen äußeren und inneren Geschlechtsorganen unterschieden.

Primäre Geschlechtsmerkmale

Die primären Geschlechtsmerkmale von Jungen bzw. Männern:
- Penis,
- Skrotum (auch «Sack» genannt) mit Hoden und Nebenhoden (die stecken in dem «Sack»),
- Prostata,
- Samenleiter.

Die primären Geschlechtsmerkmale von Mädchen bzw. Frauen:
- Vulva (Schamhügel, die äußeren und inneren Schamlippen sowie der Kitzler, Scheidenvorhof, Harnröhrenöffnung und Scheideneingang),
- Vagina (Scheide),
- Eileiter,
- Gebärmutter (auch «Uterus» genannt),
- Eierstöcke.

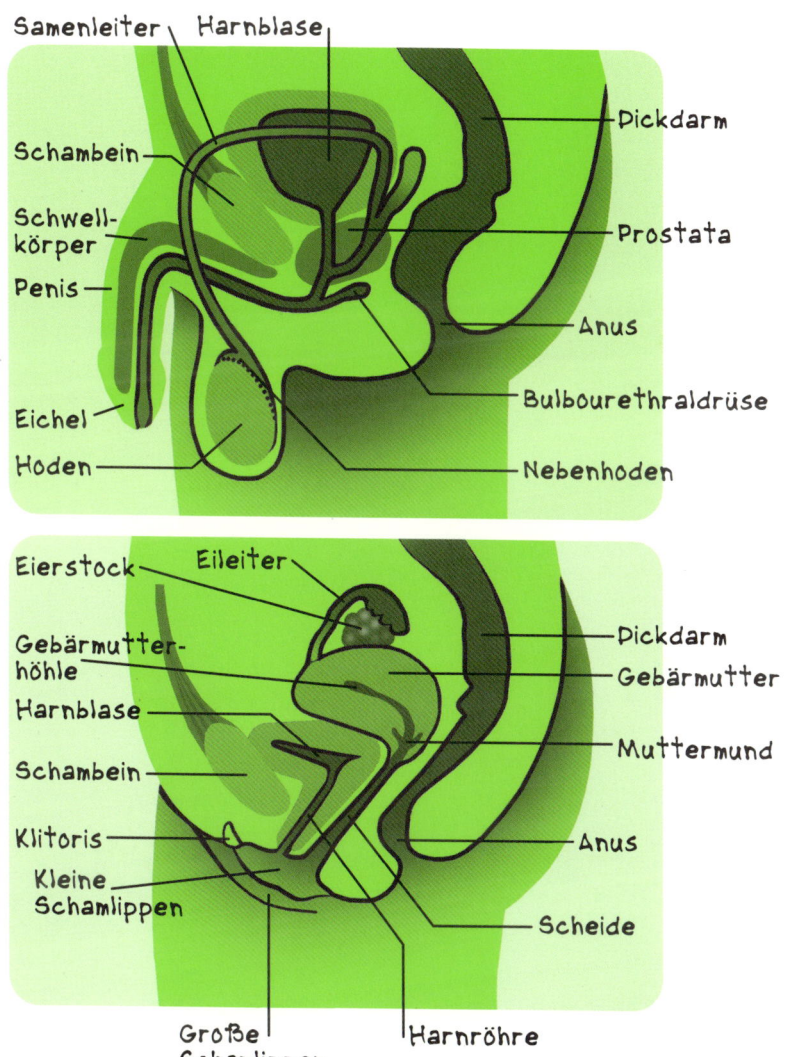

Samenleiter · Harnblase

Dickdarm

Schambein

Schwell-
körper

Penis

Prostata

Anus

Bulbourethraldrüse

Eichel

Hoden

Nebenhoden

Eierstock · Eileiter

Gebärmutter-
höhle

Dickdarm

Gebärmutter

Harnblase

Muttermund

Schambein

Klitoris

Kleine
Schamlippen

Anus

Scheide

Große
Schamlippen

Harnröhre

Mit Geschlechtsteilen ist es aber anders als beim Computerkauf. Du musst dich nicht lange mit technischen Spezifikationen, Betriebssystemen und möglichen Kompatibilitätsproblemen rumschlagen – du hast, was du hast, und musst das Beste daraus machen. Das bedeutet auch, sich selbst kennenzulernen. Und das geht sehr gut mit Selbstbefriedigung! Erstens macht das Spaß und zweitens: Je besser du deinen Körper kennst, desto wohler fühlst du dich in deiner Haut und desto leichter kannst du später jemand anderem helfen, die richtigen Stellen richtig anzufassen.

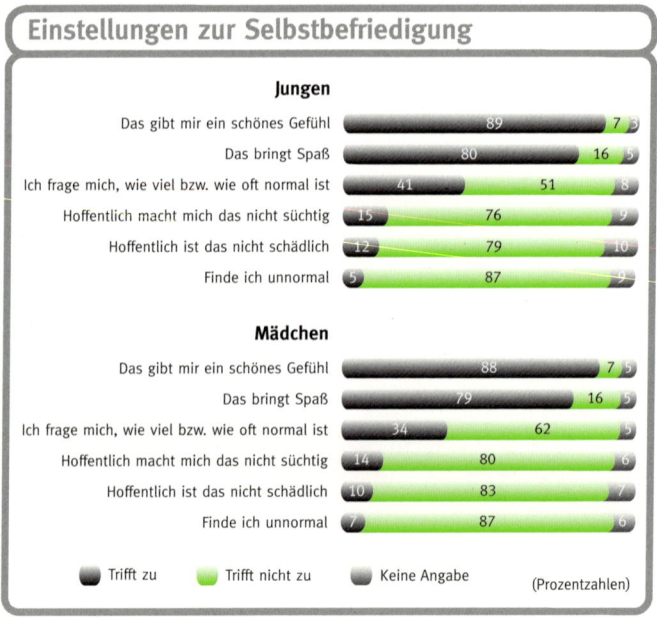

(vgl. Dr. Sommer, Studie 2009)

Noch unsere Großeltern und Urgroßeltern haben erzählt bekommen, Selbstbefriedigung sei nicht nur eine Sünde vor Gott, sondern auch noch gesundheitsschädlich. Dank neuesten Forschungen wissen wir heutzutage: Das ist Quatsch!

«Masturbation» oder «Onanie» (wie man Selbstbefriedigung auch nennt) sorgen angeblich dafür, dass man blind, taub, dumm, querschnittsgelähmt oder unfruchtbar wird. Oder dass das Rückenmark schwindet oder dass man Haare auf den Händen bekommt, kurz bevor sie verkrüppeln. Aber alle diese Behauptungen entbehren jeglicher wissenschaftlicher Grundlage – nichts davon ist wahr! Auch Sprüche in der Art «Tausend Schuss, dann ist Schluss» wurden erfunden von Eltern oder Lehrern, die Jungen und Mädchen möglichst früh möglichst große Angst machen wollten. In Wahrheit wird Sperma immer wieder nachproduziert, es geht also nie aus. Man kann und darf so oft (oder so selten) onanieren, wie man will! Was ist das Schlimmste, was passieren kann? Manche Jungen übertreiben es, dann ist die Haut am Penis aufgescheuert und schmerzt. Das ist genauso, als wenn du zu enge Schuhe trägst, die scheuern. Schmier etwas Hautcreme oder Wundcreme darauf und lass die Stelle ein paar Tage abheilen, bis es nicht mehr wehtut.

Wie oft ist normal?

Der Wunsch nach Selbstbefriedigung wird von den Hormonen gesteuert, und auf die hast du nur bedingt Einfluss. Die meisten Jugendlichen onanieren zwischen dreimal täglich und einmal pro Woche, mehr oder weniger ist problemlos möglich, aber selten. Man kann nicht süchtig nach Selbstbefriedigung werden, auch wenn sich das manchmal so anfühlt. Nach ein paar Wochen verschwindet meist dieser intensive Drang, der einen an nichts anderes außer an Sex denken lässt, wenn der Hormonpegel deines Körpers sich geändert hat. Übrigens: 96 Prozent aller Jungen und 82 Prozent aller Mädchen befriedigen sich selbst (bei Erwachsenen sind es 90 Prozent der Männer und etwa 80 Prozent aller Frauen).

Ab wann ist Selbstbefriedigung erlaubt? Jederzeit! Es gibt keine Altersbeschränkung (wie sollte die auch überprüft werden). Es gibt aber auch keine Altersempfehlung, das heißt, aus gesundheitlicher Sicht kannst du dich selbst befriedigen, sobald du Lust dazu hast.

Schnellstart-Anleitung

Und wie geht Selbstbefriedigung? Du solltest auf einen Moment warten, in dem du für einige Zeit allein bist (Eltern bei der Arbeit oder beim Einkaufen oder abends im Bett). Alternative: Geh auf die Toilette und schließ die Tür ab. Weil du empfindliche Bereiche deines Körpers berührst, ist es empfehlenswert, vorher die Hände zu waschen oder zumindest einigermaßen saubere Finger zu haben. Das ist für Mädchen noch wichtiger als für Jungen.

• *Mädchen:* Schiebe vorsichtig einen Finger (viele nehmen den Mittelfinger) zwischen deine Schamlippen. Du kannst dabei die Beine spreizen oder auch nicht, hier gehen die Vorlieben auseinander. Noch bevor du mit dem Finger den Scheideneingang erreichst (das Loch, in dem sich auch der Harnröhrenausgang befindet), spürst du eine kleine Erhebung, etwa erbsengroß, die deutlich empfindlicher ist als die übrige Haut dort. Das ist der Kitzler. Manche Mädchen mögen es, ihn direkt zu reiben oder vorsichtig zu umkreisen oder zu drücken. Anderen ist das zu intensiv. Es kann auch von Mal zu Mal unterschiedlich sein. Du kannst jetzt entweder vorsichtig an deinem Kitzler reiben oder den Finger weiter vorschieben an die Scheidenöffnung oder in die Scheide hinein. Die Finger bewegst du dabei erst recht langsam, dann etwas schneller. Du merkst am besten, was dir gefällt und was nicht. Wenn die Berührungen angenehm sind, werden deine Schleimhäute feucht. Du kannst dann zum Beispiel deinen Finger mühelos in die Scheide schieben. Es darf nicht wehtun. Sonst warte noch ein Weilchen, spiel mit dem Kitzler oder an der Scheidenöffnung herum und probiere es in ein oder zwei Minuten noch mal.

Viele Mädchen und Frauen berichten, dass es eine Stelle etwa drei Zentimeter im Inneren der Scheide gibt – mehr oder weniger auf der Rückseite des Kitzlers –, die besonders empfindlich ist und die anzufassen sich sehr schön anfühlt. Diese Stelle wird oft «G-Punkt» genannt. Das «G» in G-Punkt ist vom Namen von Ernst Gräfenberg, einem deutschen Arzt, der 1950 über genau dieses Merkmal der weiblichen Anatomie schrieb, abgeleitet. Es kann sein, dass du in diesem Fall mehrere Finger verwenden möchtest, das ist völlig okay. Oft wird auch die zweite Hand zu Hilfe genommen, entweder um ebenfalls zwischen den Beinen, die Brüste oder Brustwarzen zu streicheln. Du kannst so lange weitermachen, wie du willst, und natürlich auch jederzeit aufhören. Nach fünf bis zehn Minuten (kann aber auch länger dauern) haben viele Mädchen und Frauen einen Orgasmus, dabei zieht sich die Muskulatur der Scheide mehrfach zusammen, die Muskeln in deinem ganzen Körper spannen sich an, und du hast das Gefühl, als würde eine warme Welle durch dich hindurchfluten. Danach bist du vielleicht außer Atem und ganz entspannt – Selbstbefriedigung kann auch eine gute Einschlafhilfe sein.

Du kannst Fantasiebilder in deinem Kopf entstehen lassen. Manche Mädchen denken auch an gar nichts, sondern konzentrieren sich nur auf ihre Gefühle, andere träumen von romantischen Situationen oder denken an ihren Traumtypen.

- *Jungen:* Taschentücher bereitlegen. Penis mit einer Hand anfassen und daran herumspielen, bis er dicker und steif wird. («Steif» meint hier: fest, wie eine Bratwurst, nicht hart wie ein Stück Holz.) Dann mit der Hand umfassen und die Haut auf und ab bzw. im Stehen vor- und zurückschieben. Es gibt verschiedene Methoden, du musst ausprobieren, was dir gefällt: fester oder lockerer Griff, «Ring» aus Daumen und Mittel- oder Zeigefinger oder die ganze Hand bilden, schnell oder langsam vorgehen, kurze oder weite Bewegungen machen. Alles ist erlaubt, und alles ist okay, was nicht wehtut. Manche Jungs nehmen die zweite Hand zu Hilfe, um die Hoden – die Haut zwischen Hoden und Analöffnung (auch «Damm» genannt) – oder die Brustwarzen zu streicheln beziehungsweise zu reiben.

Die Fantasiebilder sind bei den Jungs meist weit konkreter als bei Mädchen, häufig stellen sie sich erotische Szenen aus Büchern, Zeitschriften oder dem Internet vor oder eine sexy Situation aus der Wirklichkeit (z.B. wie sie einen Blick unter das T-Shirt einer Klassenkameradin oder einen tollen Kuss auf einer Party erhaschen). Jungen onanieren meist mit dem Ziel, einen Orgasmus zu haben, was bei ihnen im Normalfall heißt: Samenerguss. Deswegen sind die Taschentücher bereitzuhalten. Und wie fühlt sich das an? Du spürst eine zunehmende Spannung in deinem ganzen Körper – die meisten Jungen reiben immer schneller, bis sich die Spannung plötzlich in deinem Penis zu konzentrieren scheint und sich mit der Ejakulation (dem Samenerguss) auflöst. Samenflüssigkeit wird beim Trocknen hart, Taschentücher deshalb nicht auf dem Nachttisch oder unter dem Bett für die Mutter zum Wegräumen liegen lassen, sondern selbst entsorgen!

Übrigens! Sollte Ejakulat zum Beispiel auf die Hose gekommen sein, nur mit kaltem Wasser auswaschen! Nicht mit heißem Wasser! Samenflüssigkeit besteht zu einem Teil aus Eiweiß. Und jeder, der schon mal Eier gekocht hat, weiß, was passiert, wenn Eiweiß und heißes Wasser zusammenkommen: Das Eiweiß wird hart. Das passiert auch mit der Samenflüssigkeit – sie verklumpt und lässt sich nur sehr viel schwerer entfernen.

Beim Masturbieren – oder direkt hinterher – mit zurückgeschlagener Bettdecke und einem Samensee auf dem Bauch oder mit einem halbsteifen Penis und einer Handvoll Taschentücher vor dem Papierkorb erwischt zu werden, weil deine Mutter nur schnell ein paar gefaltete Socken für den nächsten Tag in deine Schublade legen will, gehört zu den peinlichsten Augenblicken im Leben. (Für Mädchen auch, aber da ist es leichter für alle Beteiligten, so zu tun, als wäre nichts gewesen.) Wir raten zur Flucht nach vorn: Stammle nicht lange rum, sondern sag möglichst ruhig, dass du es besser fändest, wenn deine Eltern ab jetzt anklopften, bevor sie reinkommen. Sie werden sich daran bestimmt halten, denn es ist für Eltern mindestens genauso peinlich, ihren Sohn bei der Selbstbefriedigung zu sehen, wie für dich.

Manche Jungen haben ihren ersten Samenerguss bei der Selbstbefriedigung, andere ohne jedes eigene Zutun mitten in der Nacht. Ist das der Fall, wachst du nachts oder morgens auf, und dein Schlafanzug oder deine Decke sind entweder feucht oder hart und krustig. Du hast dann nicht etwa aus Versehen ins Bett gemacht, sondern einen «feuchten Traum» gehabt. Wenn der Körper bereit für Samenergüsse ist, du aber noch keinen Sex hast und dich auch nicht selbst befriedigst, dann schießt er einfach nachts mal ein paar Probeladungen ab. Dafür kannst du nichts und wenn es dich nicht stört, weißt du, es ist alles okay. Wenn es dir vor deinen Eltern peinlich ist, wasch deine Bettwäsche entweder selbst oder fang an, dir ab und zu einen runterzuholen.

Und jetzt? Eigentlich hat doch alles mit den Körperteilen angefangen, und plötzlich sind wir mitten in Action! Wie ist denn das passiert?

Sex und alles, was dazugehört, kann man nicht lernen, ohne es auszuprobieren. Und auch die Fortpflanzungsorgane und Geschlechtsmerkmale werden erheblich überschaubarer, wenn man weiß, was man wozu braucht. Um unsere Liste von vorhin zu vervollständigen: Die sekundären Geschlechtsmerkmale bilden sich erst im Verlauf der Pubertät aus.

Sekundäre Geschlechtsmerkmale

Bei den Jungen
kommt es zu folgenden Veränderungen:
- Körperbehaarung an Brust, Bauch, Rücken, Achseln, im Schambereich;
- Bartwuchs;
- Stimmbruch (Stimme wird tiefer), dabei kommt es manchmal auch zum Hervortreten des Kehlkopfs (auch «Adamsapfel» genannt);
- deutliche Verbreiterung von Schultern;
- Ausbildung von deutlich mehr Muskeln.

Bei den Mädchen
kommt es zu folgenden Veränderungen:
- Brustwachstum;
- Haarwuchs unter den Achseln, an den Beinen;
- Schambehaarung;
- Regelblutung;
- Stimmbruch (nur wesentlich unauffälliger als bei Jungen);

- insgesamt wird der Körperbau weiblicher, mit schmalen Schultern, einer schmalen Taille und breiteren Hüften.

Diese Veränderungen können schnell und alle auf einmal eintreten oder sich über einen langen Zeitraum verteilen. Im Normalfall ist die Entwicklung mit etwa 16 Jahren abgeschlossen. (Ob das alles ordnungsgemäß geklappt hat, ist eine der Sachen, die der Kinder- und Jugendarzt bei der J2-Untersuchung überprüft.)

Was wächst wann?

Busen	9 – 16 Jahre
Schamhaar	8 – 15 Jahre
Achselhaare	12 – 14 Jahre
Barthaar	12 – 15 Jahre
Penis / Hoden (deutliche Vergrößerung)	9 – 15 Jahre

Penis, Busen, Scheide

Nachdem wir schon mal ein bisschen mit dem Inventar herumgespielt haben, betrachten wir mal genauer, was wir so haben.

Bei den Jungen ist das einfacher, deshalb fangen wir mit ihnen an. Bei ihnen konzentriert sich alles auf die Körpermitte, weswegen man sie manchmal auch als «schwanzgesteuert» bezeichnet oder sagt, jemand würde «mit dem Schwanz denken». Der Penis ist einerseits recht empfindlich, andererseits erstaunlich robust. Unterhalb des Penis befinden sich in einem kleinen Hautsäckchen die Hoden, in denen die Samenzellen produziert werden. Die Hoden fühlen sich an wie zwei kleine weiche Eier. Sie sind ungefähr so groß wie Walnüsse. In dem Hodensack außerhalb des Körpers stecken sie, weil es im Inneren des Körpers für sie zu warm wäre – die Samen würden den Hitzetod sterben, bevor sie zur Fortpflanzung eingesetzt werden könnten.

Die Hoden sind sehr empfindlich. Sie mögen es gar nicht, gedrückt, gequetscht oder getreten zu werden. Deshalb halten Fußballer beim Elfmeter auch beide Hände vor ihr Geschlecht – ein Volltreffer in die «Eier» schmerzt mehr und länger als ein Treffer im Gesicht! (Deswegen ist die beste Abwehr gegen Jungen oder Männer in Gefahrensituationen auch ein satter Tritt oder Schlag zwischen die Beine.)

Der Penis kann schlaff und weich sein, dann hängt er herunter, oder er wird steif, dann zeigt er aufwärts in Richtung Kinn oder geradeaus nach vorne. Die meisten Penisse sind ein wenig schräg zur Seite ausgerichtet oder in sich gekrümmt – das ist normal und in den meisten Fällen unproblematisch. Alles bis etwa 25 Grad Abweichung von der Mittellinie ist unbedenklich.

Jungen pinkeln mit dem Penis, dazu muss er schlaff sein. Wenn er steif ist (man sagt auch: «erigiert»), kannst du nicht pinkeln. Im Inneren des Körpers befindet sich sozusagen eine Weiche, die umschaltet zwischen dem Harnleiter, der von der Blase kommt, oder dem Samenleiter, der von den Hoden kommt.

Ob und wann ein Penis steif wird, kannst du kaum beeinflussen – es ist ein unbewusster Vorgang. Das heißt, manchmal bekommen Jungen auch einen steifen Penis, der sich unter einer Hose deutlich abzeichnen kann, wenn es gerade gar nicht passt, z.B. bei einem Referat. Mädchen geht es mit den Brustwarzen übrigens ähnlich. (Diese werden auch einfach steif, wenn man es nicht erwartet, vor allem wenn dem Mädchen ein wenig kalt ist. Am besten ist es, wenn Mädels immer einen Büstenhalter tragen, dann werden die Brustwarzen schön versteckt.) Dir ist das vielleicht peinlich, aber denk daran: Niemand starrt ständig auf deine Hose – höchstwahrscheinlich kriegt es außer dir gar keiner mit.

Ein schlaffer Penis sieht etwa so aus wie eine mittelgroße saure Gurke – nur nicht in grün. Er ist ganz weich, wie Marshmallows. Erigiert schwillt der Penis auf ungefähr doppelte Größe an, vergleichbar etwa mit einer kleinen Zucchini oder Banane. Wenn das bei dir nicht so ist, keine Sorge. Es gibt zwei Arten von erigierten Penissen: Salopp gesagt, Blutpenis und Fleischpenis. Der Blutpenis ist im schlaffen Zustand eher klein und wird erst durch die Erektion richtig groß, da die Schwellkörper dann sehr viel Blut aufnehmen können, mehr als man vorher vermuten könnte. Beim Fleischpenis ist die Sache anders, denn er ist im schlaffen Zustand eher groß und wächst durch die Erektion durchaus an, aber der Unterschied zwischen den Zuständen ist nicht so extrem wie beim Blutpenis. Manche Penisse sind zudem ein wenig gebogen. Solange die Krümmung nicht stärker ist als bei einer Banane und niemanden stört, stellt sie kein Problem dar. Ist sie stärker, kann man sie operieren lassen (in jedem Fall den Jugendarzt fragen; mehr dazu findest du auf S. 233).

Manche Jungen vergleichen ihre erigierten oder unerigierten Penisse miteinander. Das lohnt sich allerdings kaum – sie sind alle komplett unterschiedlich. Man könnte auch Fingerabdrücke vergleichen, bringt genauso viel. Da es außerdem noch die Unterscheidung von Blut- und Fleischpenissen gibt, kann man im schlaffen Zustand sowieso keine Vergleiche anstellen und schon gar nichts daraus ableiten.

Auch die Frage, ob der Penis zu einem bestimmten Mädchen passt, ist Unsinn. *Erstens:* Sex besteht nicht nur aus dem Hineinstecken des Penis in die Scheide, viele andere Dinge müssen auch stimmen. *Zweitens:* Scheiden sind dehnbar und entsprechen dem Prinzip «One Size fits all». Sie haben also quasi Einheitsgröße. Bis auf ganz wenige Ausnahmen passt immer alles gut zueinander.

Länger oder dicker – was ist besser? Auch das ist so eine nutzlose Frage. Für den Sex ist sowieso der erigierte Zustand wichtig, nicht Länge oder Dicke beim Pinkeln oder unter der Dusche. (Und noch wichtiger ist, wie man mit dem Penis umgeht – du kannst ja auch die teuerste Gitarre der Welt haben, wenn du schlecht spielst, halten sich trotzdem alle die Ohren zu.) Aber wenn man die Frage schon unbedingt beantworten will: Beschwerden über «zu dicke» Penisse sind uns noch nie zu Ohren gekommen, «zu lang» hingegen kann er schon sein. Dann stößt der Penis beim Geschlechtsverkehr am oberen Ende der Scheide gegen den Muttermund, was unangenehm für das Mädchen oder die Frau sein mag. Das ist allerdings selten, aber die Lösung ist auch sehr einfach: nicht ganz bis zum Anschlag reinstecken – und schon ist das Problem gelöst.

Es gibt viele Vorurteile über die Penisgröße. Angeblich kann man von den Fingern, den Füßen, der Hautfarbe oder gar der Nase auf die Penisgröße oder Länge schließen. («Wie die Nase eines Mannes ist oft auch sein Johannes», so lautet der passende Spruch dafür.) Alles Humbug – groß und klein, dick und dünn, lang und kurz kann man niemandem ansehen!

Im Inneren des Penis befindet sich die Harnröhre, durch die bei der Ejakulation auch der Samen herauskommt. Früher gab es angeblich Jungsgruppen, die um die Wette gewichst haben, um zu sehen, wer am weitesten spritzt. Es kann sich dabei aber auch um ein modernes Märchen handeln, jedenfalls kennen wir persönlich niemanden, der zugibt, so was gemacht zu haben. Wie dem auch sei – der eine spritzt weiter, der andere nicht und es ist auch von der Tagesform und davon abhängig, wann man den letzten Samenerguss hatte. Es ist völlig egal, ob der Samen einen halben Meter weit fliegt oder einfach nur vorn aus dem Penis rausquillt – solange daraus keine olympische Disziplin gemacht werden muss.

Am vorderen Ende des Penis sitzt die Eichel. Sie ist etwa so geformt wie die Eichel vom Baum, aber wesentlich größer (ungefähr wie eine Walnuss) und ist von einem dunkleren Rot und sehr empfindlich. (Wenn du ein Mädchen bist, solltest du wissen: Die Eichel fühlt sich in etwa so an wie eine XXL-Version deines Kitzlers.) Sie ist normalerweise unter der Vorhaut verborgen. (Übrigens: Ganz vorn hat die Vorhaut eine kleine dehnbare Öffnung, durch die man pinkelt.) Wird der Penis steif, zieht sich die Vorhaut automatisch zurück und die Eichel wird sichtbar. Wenn die Öffnung vorn an der Vorhaut nicht groß genug oder nicht dehnbar genug ist, nennt man das eine «Vorhautverengung» oder «Phimose». Dann ist es schmerzhaft, die Vorhaut von der Eichel zurückzuschieben. Das fällt meist vor Beginn der Pubertät auf und wird vom Kinderarzt behandelt. In manchen Fällen wird die Vorhaut (im Krankenhaus und unter Narkose) entfernt – das nennt man «Beschneidung».

Weltweit sind etwa 50 Prozent aller Männer beschnitten. Es gibt auch religiöse Gründe für eine Beschneidung (z.B. werden die meisten jüdischen Babys am achten Tag ihres Lebens beschnitten). Eine Vorhautentfernung stellt für den Sex weder einen Vorteil noch einen Nachteil dar. Man kann auch Mädchen «beschneiden», dabei wird jedoch ihre Klitoris entfernt, damit sie kein sexuelles Vergnügen empfinden können. Die Bezeichnung ist gleich, aber es ist eine völlig andere Sache. Diese bestialische «Operation» wird vor allem noch in einigen Ländern Afrikas durchgeführt. Wir meinen: Sie verstößt gegen das Menschenrecht auf körperliche Unversehrtheit.

Manche Menschen betrachten eine Beschneidung beim Mann auch als Vorteil für die Hygiene, aber sie muss kein Vorteil sein. Allerdings: Unter der Vorhaut sammelt sich eine weißliche cremige Substanz, die «Smegma» genannt wird. Sie riecht und schmeckt nicht gut. Du solltest daher einmal am Tag deine Vorhaut zurückziehen und die Eichel waschen (ohne oder nur mit pH-neutraler Seife). Da die Schweißdrüsen bei Jungen in der Pubertät Überstunden schieben, raten wir dir ohnehin, täglich zu duschen oder dich wenigstens an strategisch wichtigen Stellen (Hals und Gesicht, Hände und unter den Armen, Oberkörper und Rücken, Schambereich inklusive Penis, Hoden und Füße) zu waschen. Dann kannst du das gleich mit erledigen.

Und da die Muskeln von Jungen in der Pubertät wachsen, empfiehlt sich zumindest ein kleines Trainings- und Fitnessprogramm: Täglich vor dem Duschen 25 Liegestütze und 25 Sit-ups machen, außerdem zwei- bis dreimal die Woche 30 Minuten Ausdauertraining (Schwimmen, Radfahren, Dauerlauf). Sorgt für ein besseres Aussehen und hilft zugleich gegen hormonell verursachtes Gefühlschaos.

Der Busen gehört offiziell nicht zu den richtig wichtigen Geschlechtsmerkmalen, inoffiziell ist er aber ungeheuer entscheidend. Der Busen stellt für Jungen einen verführerischen Zwischenstopp zum Höhepunkt dar, und die meisten Mädchen mögen es auch, wenn ihr Busen geküsst oder gestreichelt wird. Beschäftigen wir uns also einmal genauer damit!

90 Prozent aller erwachsenen Frauen halten den Busen für ihren wichtigsten Körperteil. Dabei gibt es Busen (auch bei Mädchen) grundsätzlich nur in zwei Versionen – zu groß und zu klein. Kaum ein Körperteil ist wichtiger bei der Balz, auch wenn die Männer steif behaupten, den Frauen immer nur in die Augen zu

schauen. Ausschließlich Menschen haben Busen – nicht einmal unsere nächsten Verwandten, die Menschenaffen, verfügen über die wohlgerundeten Fettpolster um ihre Milchdrüsen. Bei Tieren ist nämlich die Größe der Brust von ihrer Stillzeit nach der Geburt eines Kindes abhängig. Endet diese, werden die Brüste deutlich kleiner. Menschenfrauen haben jedoch immer einen Busen. Warum ist das so?

Der britische Verhaltensforscher Desmond Morris meint, die Entwicklung des Busens habe mit dem aufrechten Gang begonnen. Damit fiel der unmittelbare Anblick des weiblichen Hinterteils als Locksignal für Männer weg. Deshalb, so Morris, bereicherte die Natur die Anatomie der Frau um eine Art «Zweitpo». Daraus ergibt sich sogar ein Nachteil bei der ursprünglichen Aufgabe der Brust: Frauen haben beim Stillen ihrer Kinder das – in der Tierwelt völlig unbekannte – Problem, dass die runde Form es den Babys schwermacht, gleichzeitig zu saugen und durch die Nase zu atmen.

Der Busen besteht überwiegend aus Fettgewebe und nur zum kleinsten Teil aus Milchdrüsen. Oft ist eine Brust ein wenig größer (bzw. kleiner) als die andere. Anatomisch korrekt beschreibt Busen die zwischen den weiblichen Brüsten (so die eigentliche Bezeichnung) gelegene Vertiefung – daher auch die Bezeichnung «Busen» für eine tief in die Küste einschneidende Meeresbucht (z. B. den «Jadebusen»)! Andere Bezeichnungen sind:

- Airbags
- Äpfel
- Bälle
- Euter
- Glocken
- goldene Berge
- Holz vor der Hütte
- Melonen

- Milchbar
- Möpse
- Paradiesäpfel
- Quarktaschen
- Titten

Der Busen hat drei wichtige Aufgaben: Babys stillen, Jungs anlocken und das Signal zum Streicheln geben. Du kannst deinen Busen dem Jungen sozusagen in die Hand drücken, indem du dich beim Küssen entsprechend drehst oder positionierst. Die meisten Busen sind in etwa handgroß, sodass es sich schön anfühlt, wenn die Hand einfach daraufliegt oder er deinen Busen langsam und vorsichtig streichelt.

Gieriges Grapschen kommt bei den allermeisten Frauen total schlecht an, denn ein Busen ist hochempfindlich und sensibel, etwa so wie die Hoden. Hinzu kommt, dass sich die Schmerzempfindlichkeit im Laufe eines Monats erheblich verändern kann.

Tipp für die Jungs! Und wie kommst du an den Busen ran? Am besten schiebst du deine Hand vom Hosen- oder Rockbund aus unter ihr Oberteil. Falls sie einen BH trägt, erst mal über den Stoff streicheln. Schiebt man die Hand darunter, ist es für alle Beteiligten eher unangenehm. Besser ist es, ihn zu öffnen. Die meisten BHs haben hinten einige Häkchen. Sie einhändig aufzumachen erfordert ein bisschen Übung, wenn man aber einmal das Prinzip verstanden hat, ist es gar nicht mehr so schwierig. Schau dir den Mechanismus in der Unterwäscheschublade deiner Mutter oder Schwester an (am besten, wenn gerade keiner da ist) oder im Kaufhaus. Sonst hast du kaum eine Chance, es ohne Probleme zu schaffen. Übrigens: Man muss den BH nicht ausziehen, um die Brust zu streicheln, aufhaken reicht.

An dieser Stelle ein kleiner Ausflug in die Welt des Busens und seiner Bekleidung.
Jedes Jahr kommen rund 100 neue BH-Modelle auf den Markt – Grund genug, sich ab und zu ein paar neue zuzulegen. Aber BHs gibt es in verschiedensten Größen. Wichtig auch die Kombination: Unterbrustweite (die Zahl) und Körbchengröße (der Buchstabe). Miss zuerst mit einem Maßband genau unter dem Brustansatz deinen «Unterbrustumfang» (Tabelle: Abschnitt 1), dann den Umfang exakt über die Brustwarzen hinweg (Tabelle: Abschnitt 2). Trotzdem immer anprobieren; bei jedem Hersteller fallen die Größen etwas anders aus.

BH-Größen-Tabelle

1 Umfang

68–72:	73–77:	76–82:	83–87:	88–92:	93–97:	98–102:
70	75	80	85	90	95	100

2 Körbchengröße

82–84:	87–89:	92–94:	97–99:	102–104:	107–109:	112–114:
A	A	A	A	A	A	A
84–86:	89–91:	94–96:	99–101:	104–106:	109–111:	114–116:
B	B	B	B	B	B	B
86–88:	91–93:	96–98:	101–103:	106–108:	111–113:	116–118:
C	C	C	C	C	C	C
88–90:	93–95:	98–100:	103–105:	108–110:	113–115:	118–120:
D	D	D	D	D	D	D

Die meisten Mädchen und Frauen tragen den BH übrigens falsch – Träger hinten verlängern, Verschluss weiter runter, dann hast du deutlich mehr Halt, und bequemer ist es auch. BHs auch nie zu klein kaufen und nicht nachts tragen.

- Während des Vorspiels kann die weibliche Brust um ein Viertel anwachsen. Das liegt an der verstärkten Blutzufuhr – ähnlich der Erektion des Penis.
- Frauen mit einer Oberweite über 95 Zentimeter neigen – statistisch gesehen – dazu, Männer zu heiraten, die kleiner sind als sie.
- Durch die empfängnisverhütende Pille nimmt der Busenumfang um 1,5 bis 3 Zentimeter zu. Nach Absetzen der Pille schrumpft er wieder.
- 82 Prozent aller deutschen Männer macht der Busen einer Frau am meisten an; das ist Platz eins – knapp abgeschlagen mit 78 Prozent folgt der Po. Der Busen ist – mit 74 Prozent – die zweiterogenste Zone einer Frau, nur übertroffen von den primären Geschlechtsorganen selbst (88 Prozent).
- 87 Prozent Mädchen sind mit ihrem Busen unzufrieden – aber 83 Prozent der gleichaltrigen Jungs finden die Brüste ihrer Freundin super!
- Kleine Brüste sind genauso erregbar wie große.
- Einige Frauen können direkt durch Stimulation der Brüste zum Orgasmus kommen. Das liegt daran, dass die Nervensignale aus der Brust über den Solarplexus direkt in die Klitoris geleitet werden.
- Männliche Brüste sind meist ebenso erregbar (und oft auch empfindlich) wie der weibliche Busen. Biologisch ist der Aufbau der Brustwarzen nahezu identisch, Nervenbahnen eingeschlossen.
- Bei manchen Frauen verfärben sich während der Schwangerschaft die Brustwarzen; sie werden deutlich dunkler. Grund: In der Schwangerschaft wird ein Hormon ausgeschüttet, das die Produktion

melaninhaltiger («brauner») Hautzellen anregt. Die Veränderung bildet sich nicht zurück.

- Medizinisch gesehen gibt es – außer einem sehr schweren Busen, der den Rücken belastet – keinen Einwand gegen blanke Busen unter Blusen: Gegen Hängebrüste jedenfalls schützt das Tragen eines BHs nicht, denn der Brustmuskel liegt hinter den Brüsten und wird durch einen BH nicht entlastet.
- Viele Frauen, aber auch manche Männer, haben unterhalb der Brustwarzen (entlang der sogenannten Milchleisten, die von den Achseln über die Brustwarzen zur Leiste führen) weitere Brustwarzen, die oft wie große Muttermale aussehen. Das ist auf unsere Abstammung von Tieren mit mehreren Brustwarzen zurückzuführen, ungefährlich und gegebenenfalls nur operativ zu ändern.

Übrigens: 36 Prozent der erwachsenen Frauen mögen die Form ihres Busens gar nicht; 31 Prozent finden, er sollte größer sein, 26 Prozent der Frauen wünschen sich einen kleineren Vorbau! In Deutschland lassen sich rund 40 000 Frauen jährlich die Brust operieren! Nicht immer werden dabei wassermelonenhafte Pamela-Anderson-Brüste gewünscht; viel häufiger wollen Frauen mit großen Brüsten (und heftigen Rückenschmerzen) Verkleinerungen vornehmen lassen: immerhin 30 000 pro Jahr.

In allen Fällen bleiben Narben, die bei «aufgepumpten» Busenmodels vor den Fotosessions überklebt und überschminkt werden. Operationen können etwa ab dem sechzehnten Lebensjahr durchgeführt werden, dann muss nach dem Abschluss des Wachstums aber meist erneut operiert werden. Dennoch eine sinnvolle

Sache, wenn jungen Mädchen dadurch das Leben leichter gemacht wird. Denn gerade sie leiden oft unter übergroßen oder deutlich unterschiedlich großen Brüsten. Wenn das bei dir so ist, sprich mit deinen Eltern oder deinem Arzt darüber.

Die OP dauert etwa drei Stunden, anschließend sind noch einige Tage im Krankenhaus zu verbringen. Krankenkassen übernehmen die Kosten nur selten und nur bei nachweislichen bereits eingetretenen körperlichen oder psychischen Schäden. Du solltest dir aber auf jeden Fall gut überlegen, ob größere bzw. kleinere Brüste wirklich die Lösung für dein Problem sind, wenn es eigentlich keine gesundheitlichen Einschränkungen gibt. Denn wie bei den Haaren (glatt, lockig, blond, braun usw.) wissen wir doch alle, dass man immer das haben möchte, was man selber nicht hat bzw. was die anderen haben. Und bei den eigenen Haaren lernt man ja auch mit der Zeit, wie man das Beste daraus macht.

Die Scheide von Mädchen wirkt so einfach konstruiert, ist in Wahrheit aber fast noch komplexer als der Penis. Wenn du dich aufs Bett legst, die Beine spreizt und dich selbst mit einem Spiegel betrachtest, siehst du die «äußeren Schamlippen», dann die «inneren Schamlippen» und schließlich in der Mitte den Eingang zur Scheide. Die Schamlippen sind im Grunde nur kleine Fleischwülste. Bei manchen Mädchen sind sie dicker, bei anderen dünner; bei einigen sind die inneren länger oder ausgeprägter als die äußeren, bei anderen ist es umgekehrt. Egal, ob dir gefällt, was du siehst – und ob deine Freundinnen genauso gebaut sind oder ganz anders –, Jungen ist völlig egal, wie deine Schamlippen geformt sind! Ganz oben, direkt bevor die äußeren Schamlippen sich treffen, kann man bei manchen Mädchen den Kitzler sehen, auch «Klitoris» genannt, bei anderen versteckt er sich in einer Hautfalte.

Zwischen Klitoris und Scheide gibt es noch eine winzige Öffnung, die oft nur wie ein kleiner Punkt aussieht – die Harnröhre. Durch diese Öffnung pinkelst du. Keine Angst – es ist unmöglich, versehentlich einen Finger oder Penis in die Harnröhre statt die Scheide einzuführen, egal, ob bei der (gegenseitigen) Befriedigung oder beim Sex!

Viel zu sehen gibt es hier also nicht, der ganze Rest ist im Inneren deines Bauchs untergebracht. Oberhalb der Scheidenöffnung befindet sich die Gebärmutter. Ihr unteres Ende heißt «Muttermund». Die Frauenärztin oder der Frauenarzt kann ihn mit den Fingern ertasten; manche Mädchen können das auch selbst, wenn sie den Mittelfinger weit in die Scheide hineinschieben. Beim Geschlechtsverkehr dringt der Penis nur in die Scheide ein, nicht in die Gebärmutter selbst.

Die Gebärmutter hat oben dran zwei Schläuche, die ein bisschen wie Antennen aussehen. Das sind die Eileiter. An ihrem Ende befinden sich die Eierstöcke. Wenn du geschlechtsreif wirst, bildet sich einmal im Monat ein Ei, abwechselnd im rechten und im linken Eierstock. Es wandert durch den Eileiter in die Gebärmutter. Wird es unterwegs von männlichen Samen befruchtet, nistet es sich in der Gebärmutterwand ein – dann ist es zur Schwangerschaft gekommen. Wird das Ei nicht befruchtet – und das ist ja der Normalfall –, wird es mitsamt einigen Zellen der Gebärmutterwand bei der «Regelblutung» (auch «Monatsblutung» oder «Tage» genannt) ausgestoßen. Das Ei selbst wirst du dabei nie zu Gesicht bekommen, es ist nur 0,1 bis 0,15 Millimeter groß.

KÜSSEN –
DER WEG ZUM PARADIES!

Zum guten Sex gehört auch, gut zu küssen. Küssen hat viele Vorteile. Es macht Spaß. Es ist gesund: Durch den Austausch von Viren und Bakterien wirkt ein inniger Kuss ähnlich wie eine Schluckimpfung. Das Immunsystem lernt fremde Mikroben kennen und kann sich in Zukunft besser gegen sie wehren. Wichtiger noch ist der wohltuende Effekt für die Seele, denn küssen hebt nachweislich die Stimmung.

Wer gut küssen kann, nimmt zudem den anderen für sich ein. Weil küssen so schön ist, verbringen wir gern (mehr) Zeit mit jemandem, den wir gern küssen – und so ist das Küssen letztlich auch der Einstieg in alle weiteren erotischen Erlebnisse, von Streicheln über Petting (streicheln und liebkosen unterhalb der Gürtellinie) bis hin zum Geschlechtsverkehr. Meist wird dabei die ganze Zeit weitergeküsst – auf den Mund, aber auch jeden anderen Körperteil.

Was aber ist gut küssen? Wie kann man das lernen? Es gibt zahllose Möglichkeiten, jemanden zu küssen. Die ersten Küsse, die du bekommen hast, waren sicher von deinen Eltern. Man kann Freunde oder Verwandte mit Küsschen auf die Wangen oder durch «Luftküsse» (angedeutete Küsse neben den Wangen) begrüßen, vor allem in Frankreich, aber auch bei uns ist das mittlerweile üblich. Du kannst eine Puppe oder ein Haustier küssen, wenn du mit ihm kuschelst. Das alles aber sind nicht die Küsse, um die es hier geht. Wir sprechen von Küssen, die man sich anfangs kaum traut, bei denen es im Bauch kitzelt und kribbelt, die unmittelbar mit sexueller Erregung zusammenhängen.

Irgendwann sitzt ihr – du und dein Freund/deine Freundin – zu zweit da, ihr haltet euch vielleicht bei den Händen, oder zumindest gibt es irgendeine Art Hautkontakt. Ihr seht euch lange und tief in die Augen, und endlose Gesprächspausen sind plötzlich gar nicht mehr peinlich, sondern toll. Ihr rückt immer dichter aneinander heran, eure Körper und Köpfe und Lippen kommen sich immer näher, vielleicht streift deine Hand wie aus Versehen über ihre/seine Lippen, wenn du ihr/ihm das Haar aus dem Gesicht streichst, oder deine Fingerkuppen berühren die empfindliche Haut seiner Lippen – wenn du zärtlich ihren Umriss nachfährst. Auf einmal ist dir danach, die Augen zu schließen, aber andererseits bist du viel zu aufgeregt und weißt auch nicht genau genug, was als Nächstes passiert, um das wirklich zu tun. Und plötzlich berühren sich eure Lippen, und es ist wie ein kleiner elektrischer Schlag – vor allem, wenn einer von euch statisch aufgeladen ist – ein Funke springt über.

Bei anderen aber passiert vielleicht auch gar nichts. Jeder Kuss ist anders, jede Situation ist anders, man kann nicht vorhersagen, wie es sich bei dir anfühlen wird.

Das jedenfalls ist die erste Stufe des Küssens: Lippen auf Lippen, mit geschlossenem Mund. Möglicherweise hast du schon mal in der dritten Klasse hinter der Turnhalle deinen Schwarm auf diese Weise mit gespitzten Lippen geküsst, und dann habt ihr beide verlegen gekichert. Oder ihr habt mal auf einem Geburtstag Flaschendrehen gespielt, und auf einmal musstest du dem Gastgeber einen Kuss auf den Mund geben. Man kann nicht wirklich sagen, wann es noch zu früh ist für solche Küsse oder ab wann sie dazugehören. Wichtig aber ist, sich immer vor Augen zu halten, dass du niemals jemand küssen musst, wenn du nicht willst – und es auch nicht tun solltest! Und egal, ob die anderen dann lachen oder dich verspotten: Küssen ist etwas Schönes, Liebevolles, einzigartig Intimes, da darf man sich von niemand Vorschriften machen lassen.

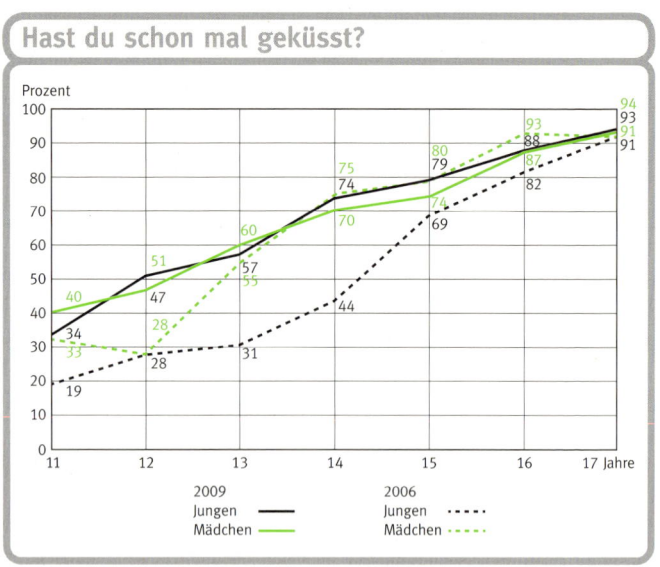

Hast du schon mal geküsst?

Prozent

2009
Jungen ———
Mädchen ———

2006
Jungen ·······
Mädchen -·-·-·-

(vgl. Dr. Sommer, Studie 2009)

Wann aber ist ein Kuss ein guter Kuss? Nun liegen also eure Lippen aufeinander. Dazu müsst ihr die Köpfe jeweils ein wenig zur Seite neigen, weil sich sonst eure Nasen gegenseitig platt drücken, was eher unangenehm ist. Ihr spürt den Atem des anderen, und meistens ist die Situation ganz schön aufregend, und du bist vermutlich sehr nervös. Bleib einfach erst mal so, wenn es dir gefällt. Du kannst auch ab und zu mal deinen Mund von dem deines Freundes oder deiner Freundin lösen, ihm/ihr liebevoll in die Augen sehen und dann weiterküssen. Dabei kannst du die Lippen ein wenig nach vorne wölben (das ist der berühmte «Kussmund»). Ihr könnt euch schnell küssen – schmatz, schmatz, schmatz, schmatz – oder langsam und ausführlich. Die Mischung macht's!

Die meisten Menschen schließen beim Küssen die Augen: *Erstens* kann man dabei besser spüren, und *zweitens* sieht der andere beim Küssen eher langweilig bis merk-

166

würdig aus. Die Augen aufzulassen, lenkt also von dem schönen und angenehmen Gefühl ab. Natürlich machen beide ab und zu mal die Augen wieder auf – und wenn der andere dich dann mit weit aufgerissenen Augen anstarrt (oder, schlimmer noch, gelangweilt an dir vorbeiglotzt), ist das unschön. Deshalb: Im Zweifelsfall die Augen zu.

Viele Paare halten sich beim Küssen im Arm und streicheln einander, entweder die nackte Haut (je nachdem, welche Jahreszeit wir haben und was für Klamotten ihr tragt) oder durch die Kleidung hindurch. Gute Stellen dafür: Arme, von oben bis unten, Hände, Schultern, Rücken, Gesicht, Oberschenkel. Nicht hektisch werden, du willst weder Teig kneten noch deine Fingernägel glatt schmirgeln.

Wenn du unsicher bist, ob du gut küsst, kannst du es auf deinem Arm oder deiner Hand ausprobieren. Spitz einmal die Lippen und küsse auf dein Handgelenk, den Handrücken, die Fingerspitzen, die Handfläche. Wenn sich das angenehm anfühlt, machst du es richtig. Du kannst auch mit den Lippen über die Haut z.B. auf der Handfläche streichen und dabei ganz sanft den Atem ausströmen lassen – fühlt sich das gut an, dann wiederholst du es später bei deiner Partnerin oder deinem Partner, entweder an der Hand oder auf der Wange.

Die nächste Stufe ist der Zungenkuss. Alles ist wie bisher, aber du öffnest deinen Mund ein wenig und schiebst deine Zunge zwischen deinen Lippen hinaus. Wenn du das vor dem Spiegel machst, sieht es doof aus, aber beim echten Küssen fühlt es sich gut an! Du kannst mit deiner Zungenspitze über die Lippen deiner Freundin/deines Freundes fahren oder z.B. den Umriss ihre Mundes nachzeichnen. Meist öffnet der andere dann ebenfalls seinen Mund und eure Zungenspitzen berühren sich. Das fühlt sich im ersten Moment manchmal so aufregend und neu und anders an, dass einem fast der Atem wegbleibt. Und jetzt kommt die gute Nachricht: Man gewöhnt sich auch nicht dran – bei einem tollen Zungenkuss mit jemand, den man wirklich mag, bleibt einem auch als Erwachsenem noch der Atem stehen.

Wichtig! Nie einen Kuss schon mit geöffnetem Mund beginnen. Am Anfang sind die Lippen immer geschlossen! Zahnspangen oder Piercings stellen übrigens kein Problem beim Küssen dar, auch nicht beim Zungenkuss. Selbst wenn beide Spangen tragen, verhaken diese sich nur in schlechten Kurzromanen.

Damit eure Zungen problemlos miteinander spielen können, solltet ihr die Köpfe ein wenig drehen, bis die Münder beinahe in einem rechten Winkel aufeinanderliegen (rechter Winkel = 90 Grad; ideal zum Zungenküssen: 35 bis 40 Grad). So kriegen alle gut Luft. Geatmet wird durch Mund oder Nase, wie du willst.

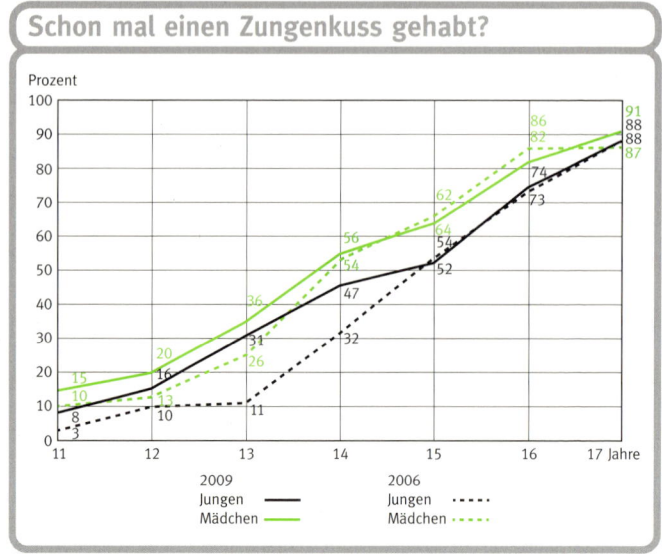

(vgl. Dr. Sommer, Studie 2009)

Tipps für Jungs! Manche Mädchen finden Dreitagebärte speziell beim Küssen übrigens supersexy, andere können das Kratzen der Bartstoppeln nicht leiden oder bekommen davon sogar Ausschlag. Frag sie! Beziehungsweise, **Tipp für Mädchen**, sag es ihm!

Eure Zungen können sich anstupsen, sich umkreisen, sich kitzeln, sich verfolgen, kurzum miteinander spielen. Es ist schwer zu sagen, was richtig ist – umgekehrt lässt sich aber recht leicht festhalten, was falsch ist und nicht gut ankommt:

- *Sabbern und schlabbern wie ein Hund.* Deinen Speichel schluckst du bitte selbst runter. (Wenn ihr aufeinanderliegt, müsst ihr dazu kurz aufhören mit Küssen und eure Münder voneinander lösen.)
- *Zunge zu weit in seinen Mund stecken.* (Steck deine Zunge nicht weiter als 3 Zentimeter heraus, das ist etwa die Hälfte dessen, was maximal möglich ist.)
- *Zunge steif lassen.*
- *Zunge wie einen Quirl wirbeln lassen.* (Kann man üben: Steck deine Zunge ein wenig heraus und lass sie über deinen Handrücken tanzen – was sich dort gut anfühlt, funktioniert auch mit Partner.)
- *Zunge schlaff hängen lassen.*
- *Zu intensiv an der Zunge oder den Lippen des anderen saugen.* (Manche Menschen mögen es gar nicht, wenn du saugst, andere finden es toll, aber wenn, dann nur ganz zart und vorsichtig – leg deine Lippen auf deinen Handrücken und saug so wenig, dass sich die Haut gerade eben zwischen deine Lippen wölbt.)
- *Mundgeruch* – vor dem Date Zähne putzen oder zumindest Kaugummi kauen.

Wenn dir das mit dem Zungenkuss irgendwie komisch vorkommt und du mal vorab üben willst: Nimm dir einen kleinen Joghurtbecher oder einen Eierbecher. Leg eine Rosine oder kleine Weintraube hinein. Schieb sie mit der Zunge hin und her, auf und ab. Du kannst zur Übung auch versuchen, mit der Zunge Buchstaben zu schreiben (A, B, C ...), während du in dem Becher die Rosine oder die Weintraube bewegst. Oder strecke die Zunge heraus und versuch, deine eigene Nasenspitze zu berühren. Oder bieg sie nach unten in Richtung deines Kinns.

Oder öffne deinen Mund weit und stell dir vor, direkt hinter deinen Zähnen würde er von einem Zahnstocher offen gehalten (nimm nicht wirklich einen Zahnstocher zu Hilfe, das tut weh). Lass deine Zunge also hinter den Zähnen und fahre fünfmal langsam den eingebildeten Zahnstocher auf und ab. Danach fünfmal schnell.

Das war's. Der Rest ist Übung. Jeder küsst anders, und nach einer Weile wirst du merken, ob du lieber festere oder zartere Küsse magst oder beides zu seiner Zeit. Und wohin kannst du deinen Freund nun küssen? Letztlich überallhin, aber anfangs bleibt man bei den leicht erreichbaren Stellen: Mund, Lippen, Nasenspitze, Nasenflügel, Wangen, Kinn, Augenlider (ganz vorsichtig!), Augenbrauen, Stirn, Ohren, der Hals unterhalb der Ohren, der Hals insgesamt, der Nacken unterhalb des Haaransatzes, die Schultern, die Oberarme, Handgelenk, Hände, Finger, Fingerspitzen, Handinnenflächen (kitzelt häufig). Damit solltet ihr eine Weile beschäftigt sein!

Und übrigens, bei aller Angst davor, zu versagen, bedenk, dass jeder Mensch anders küsst. Man kann nur gemeinsam den angenehmsten Kussrhythmus, die Tiefe und Schnelligkeit des Eindringens der Zunge und den Spielraum herausfinden. Keiner ist für immer ein schlechter Küsser, und man muss nicht enttäuscht sein, wenn es beim ersten Kuss nicht direkt perfekt klappt. Wenn du dich traust, kannst du ja auch mal fragen, wie deine Partnerin am liebsten küsst, und dir das zeigen lassen – das gilt genauso umgekehrt –, dann werdet ihr bestimmt einen sehr kribbelnden gemeinsamen Weg finden. Und wenn es doch mal auf Anhieb super passt und du denkst, das muss der Richtige für immer und ewig sein, ist das schon mal ein sehr gutes Zeichen, aber entscheidend sind doch eigentlich immer sein/ihr Charakter, der Spaß, den man gemeinsam hat, und dass man sich miteinander wohl fühlt.

NECKING UND PETTING: WENN DIE HÄNDE AUF WANDERSCHAFT GEHEN

Die Begriffe «Necking» und «Petting» werden im Deutschen praktisch kaum noch verwendet. Aber sie sind doch eine gute Möglichkeit, bestimmte Stufen der Intimität zu unterscheiden. «Necking» und «Petting» kommen aus dem Englischen: «neck» ist der Hals, und «to neck» bedeutet, sich «in der Halsgegend» zu streicheln (gemeint ist aber der gesamte Oberkörper). «To pet» (wörtlich für «streicheln») ist dann der Austausch von Zärtlichkeiten (ohne Geschlechtsverkehr) unter der Gürtellinie. Diese Trennung stammt aus einer Zeit, in der Jugendliche die Grenzen, die Eltern und Lehrer ihnen vorgaben, über den Haufen warfen – aber auch das ging nur Schritt für Schritt. Vor hundert Jahren wurde überhaupt erst nach der Hochzeit geküsst. Mit der Zeit wurde es dann üblich, es auch schon vorher zu tun – erst heimlich, dann auch öffentlich – und zu streicheln. Erst nur oberhalb der Gürtellinie, dann auch darunter. Heutzutage sehen wir es (in der westlichen Welt) als normal an, auch vor der Ehe schon mit jemandem zu schlafen. Allerdings gibt es auch gute Gründe, dies nicht zu tun, und aktuell schließen sich viele junge Menschen diesem Trend an (im Kapitel «Augen zu und durch? Das erste Mal», S. 191, gibt es mehr dazu).

Die Abfolge körperlicher Zärtlichkeiten derart zu unterteilen ist durchaus sinnvoll, auch wenn wir dafür im Deutschen keine Fachwörter haben. Generell fangen die meisten Beziehungen nicht mit einem Kuss an, sondern mit Körperkontakt (z. B. Streicheln des Rückens beim Engtanz, Händchenhalten im Kino). Der erste Kuss zeigt eigentlich nur, dass beide dasselbe füreinander empfinden. Schon während ihr euch küsst, werdet ihr die Hände nicht stillhalten können – ihr fahrt mit den Fingern über die Hände, Arme, den Rücken des anderen, ihr streichelt das Gesicht, zieht die Rundung der Augenbrauen nach, streichelt übers Haar.

Einander streicheln und sich im Arm halten kann man auch ohne Küssen – sehr zu empfehlen! Eine der schwierigsten Fragen dabei ist: Ab wann darf ich wohin fassen? Leider gibt es darauf keine allgemeingültige Antwort. Es hängt von dir und deinem Freund ab. Bei deinem ersten Freund wirst du etwas länger brauchen, um einen Schritt nach dem anderen zu gehen. Ist einer von euch schon erfahrener, kann es schneller gehen. Ebenso spielt das Alter eine Rolle: Mit zwölf will man weniger als mit sechzehn. Dennoch kann man ein paar allgemeine Erfahrungswerte nennen. Eine gute Abfolge der berührten Bereiche ist:

- Hände, Unterarme, Handinnenflächen, Schultern.
- Lippen (sprich: Küssen), Rücken (ohne Ausziehen), Gesicht, Nacken, Hals.
- Vom Hosenbund aus Hand unters Oberteil schieben und den Rücken berühren und streicheln.
- Brust (ohne Ausziehen) anfassen. Ruhig die Hand einfach erst mal eine Weile liegen lassen.
- Brust (ohne Ausziehen) streicheln, Po durch die Hose hindurch streicheln.
- Hand vom Hosenbund aus unter Oberbekleidung schieben, Brust streicheln bzw. Busen (eventuell durch den BH hinweg) streicheln.
- BH öffnen. (Nimm ruhig beide Hände und lass dir helfen. BHs zu öffnen ist eine gute Gelegenheit, miteinander zu lachen.) Nackten Busen streicheln.
- Oberteile ausziehen, nackten Oberkörper küssen und streicheln.
- Hand hinten in den Hosenbund schieben, Po streicheln. (Das machen Jungen bei Mädchen gern, umgekehrt mögen es nicht alle Jungen, wenn Mädchen ihren Po anfassen – dann einfach auslassen.)
- Hand vorne in die Hose schieben und Geschlechtsteile vorsichtig berühren.

- Hose öffnen, aber noch nicht ausziehen, Geschlechtsteile streicheln.
- Ganz ausziehen, einander bewundern, am ganzen Körper streicheln.
- Den nackten Körper der Freundin mit Küssen bedecken. Dabei ruhig auch mal lachen, wenn es kitzelt oder akrobatisch wird. Du darfst sie überall küssen, wo du willst und wo es ihr gefällt. Du musst aber nicht! Mädchen können das genauso bei Jungs machen.

Wie lange Zeit solltest du dir dafür lassen? Alles zwischen einer Woche und einem Jahr scheint uns okay. Letztendlich hat aber jeder seinen eigenen Rhythmus.

Wichtig! Du darfst jederzeit die Hand des anderen wegschieben oder sagen: «Nein, ich bin noch nicht so weit.» (Du darfst natürlich auch die Hand des anderen nehmen und irgendwo anders hinschieben.) Traditionell ist es meist so, dass Jungen die Sache vorantreiben und immer näher an die Körpermitte wollen, während Mädchen es lieber etwas langsamer angehen lassen. (Es kann bei euch natürlich aber auch genau umgekehrt sein.) Eine ganz vernünftige Hilfestellung, um zu entscheiden, wann du es wagen kannst oder solltest, deine Hand irgendwo hinzulegen oder hinzuschieben: Wenn du es bei diesem Treffen nicht gern tun würdest, mach es beim nächsten Mal.

Bonustipp für Jungs! Befriedige dich selbst! Wenn deine Freundin wirklich später noch Sex mit dir haben will, kriegen junge Männer das ohne Probleme trotzdem hin – aber nach erfolgreicher Selbstbefriedigung bist du insgesamt etwas entspannter.

Für viele Jugendliche ist das wichtigste sexuelle Etappenziel der Geschlechtsverkehr (oder auch: «es gemacht zu haben»). Küssen, dann streicheln, dann sexen. (Gut, das Wort gibt es eigentlich nicht, dabei ist es das wichtigste Tu-Wort überhaupt.)

Theoretisch gibt es aber noch zwei mögliche Zwischenstopps: Freund oder Freundin mit der Hand oder mit dem Mund zu befriedigen (auf Englisch «Handjob» und «Blowjob» genannt). Wenn ihr jetzt nicht dazu kommt oder keine Lust dazu habt – lesen und für später merken, oder später lesen.

Ihr könnt euch gleichzeitig oder nacheinander gegenseitig befriedigen (man sagt auch: «einen runterholen», was sich ursprünglich auf die männliche Selbstbefriedigung bezog, hier aber beide Beteiligten einschließt). Wir raten anfangs zu nacheinander, denn um es gleichzeitig zu schaffen, braucht man ein wenig Übung, und man muss sich auf das Selbst-Genießen ebenso konzentrieren wie auf die Handarbeit am anderen. Bewährte Reihenfolge: Erst er bei ihr, dann sie bei ihm. (Warum? Weil Jungs, wenn sie erst mal gekommen sind, eigentlich lieber in Ruhe Musik hören oder einschlafen wollen, statt sich noch um den Orgasmus der Freundin zu bemühen. Mädchen und Frauen hingegen scheint das meist nichts auszumachen. Außerdem kommen die meisten Jungen schneller, sodass die Partnerin sozusagen noch gefühlsmäßig beim Nachglühen ist.)

• *Junge beim Mädchen:* Der BH ist aufgehakt. Nun kann es losgehen. Also die Hand auf die Brust legen und mit dem Daumen sacht immer wieder in Richtung Brustwarze streicheln oder diese umkreisen (die etwas dunklere Haut um die Brustwarze herum, «Warzenhof» genannt, ist empfindlicher als die normale Haut). Brustwarze mit Daumen und Zeigefinger zunächst ganz sanft, dann stärker massieren. Manche Mädchen mögen es auch, wenn du ganz sanft daran ziehst. Mit den Handflächen sacht über die Nippel kreisen. Nicht runterdrücken, das kann unangenehm sein. Brust durch den Stoff des Oberteils küssen. Viele Mädchen genießen es, wenn du deine Brust an ihrer reibst, egal, ob im Stehen oder Liegen. Meist ist die eine Brust erkennbar empfindlicher und leichter erregbar als die andere. Das ist ganz normal. (Ebenso wie die Tatsache, dass meist eine Brust größer ist als die andere.)

Manchmal verursacht das Liebkosen der Brust ein Ziehen bis tief in deine Körpermitte. Das ist völlig normal und kein Grund zu Sorge oder Beunruhigung. Genieß es einfach, wenn es dir gefällt! Man nennt Brüste und Scheide nicht umsonst das Lustdreieck, somit ergibt es ja auch Sinn, dass bei der Stimulierung der Brüste es in Richtung «unten» zieht, denn das wäre ja theoretisch die nächste Station, die in Angriff genommen werden müsste. Viele Jungs und Männer denken jedoch, dass man das Streicheln der Brüste einfach weglassen kann, weil sie nicht wirklich zu den richtig wichtigen Geschlechtsmerkmalen gehören. Aber weit gefehlt! Die meisten Frauen mögen erstens ein längeres Vorspiel und dass es zweitens langsam losgeht und sich dann Stück für Stück steigert. Es hat sich auch gezeigt, dass ein längeres Vorspiel die Orgasmusfähigkeit einer Frau steigert bzw. vereinfacht.

Langsam geht es weiter. Streichle deine Freundin. Du kannst vielleicht mit den Fingern am Hosenbund entlangfahren und die Haut dort streicheln. Du kannst vorsichtig einen oder mehrere Finger unter den Hosenbund schieben.

Sei geduldig! Bleib bei den ersten Malen über ihrer Unterhose – die wenigsten Mädchen mögen es, wenn du direkt und zügig zum Ziel willst. Falls du deine Hand schließlich vorn in ihre Hose schiebst, solltest du versuchen, sie möglichst senkrecht von oben in der Mitte zu platzieren (also direkt hinter dem Reißverschluss). Deine Finger zeigen dabei in Richtung ihrer Füße. Je weniger du deine Hand abknicken musst, desto weniger Schmerzen in deinem Handgelenk, aber auch desto weniger Druck auf Bauch und Schambereich deiner Freundin. (Dass du dich gut vorbereitet hast, indem du dir die Fingernägel geschnitten und gefeilt hast, ist klar, oder?) Zuerst fühlst du nun Schamhaar – oder nicht, wenn sie es abrasiert hat. Dort, wo ihre Beine beginnen, etwa an der Stelle, wo sich das untere Ende deines Penis befände, teilen sich die Schamlippen. Ungefähr an dieser Stelle sollte dein Mittelfinger landen. Schiebst du ihn ein wenig weiter nach unten, so wandert er fast automatisch an die richtige Stelle zwischen ihren Beinen. Noch einmal: Lass dir Zeit! Wenn deine Freundin schon mehr Erfahrung hat, wird sie deutlich machen, was ihr gefällt und was nicht. Wenn nicht, muss sie selbst erst mal fühlen, was sie mag. Die Haut an dieser Stelle ist sehr empfindlich, etwas empfindlicher als deine Handinnenflächen, etwas unempfindlicher als deine Eichel. Nicht rubbeln oder reiben, sondern streicheln.

Nach einiger Zeit sollte sich die Haut wärmer und feuchter anfühlen. Das ist ein gutes Zeichen, dann machst du es richtig. Dort, wo sich die Schamlippen teilen, spürst du, wie die Haut sich verändert, sie wird weicher und glatter. Kurz dahinter befindet sich der Kitzler. Manche Mädchen mögen es, dort berührt zu werden, anderen ist es zu intensiv. Dir bleibt nichts anderes übrig, als es auszuprobieren und auf ihre Reaktion zu achten. Fang erst mal an, mit deiner Fingerkuppe ein wenig über den Kitzler zu fahren, wenn ihr das gefällt und sie sich fallen lässt, dann kannst du versuchen, etwas fester zu reiben. Im Gegensatz zu dir, wo eine konstante Auf-

und-ab-Reibung der Vorhaut über die Eichel bewirkt, dass du kommst, mögen die meisten Mädchen am Anfang ein abwechselnd intensives Steicheln des Kitzlers, also zwischendurch immer wieder einen Gang zurückschalten und wieder loslegen. Wenn sie dann richtig erregt ist, kannst du gern länger etwas fester reiben. Aber immer schön auf ihre Reaktion achten und sich am besten merken, wo sie am ehesten positive Laute von sich gegeben hat, dann bist du beim nächsten Mal definitiv schlauer.

Schiebst du deine Hand noch etwas weiter, spürst du plötzlich eine Öffnung, durch die du deinen Finger von unten in ihren Körper hineinstecken kannst. Das ist die Scheide, sie befindet sich ziemlich genau auf halber Strecke zwischen vorn und hinten. Wenn du möchtest und es deiner Partnerin zu gefallen scheint, kannst du deinen Finger hineinschieben, dabei krümmst du ihn etwa im rechten Winkel nach oben (die Fingerspitze zeigt dann in Richtung ihres Kopfs). Vorsicht: Mädchen sind keine Modellbausätze – jedes ist ein bisschen anders konstruiert. Meist ist die Scheide ein wenig in Richtung Bauchnabel geneigt, wenn du vor ihr stehst bzw. liegst, also zu dir hin gerichtet. Manchmal aber auch nicht. Ramm deinen Finger nicht mit Kraft hinein, sondern suche dir vorsichtig den richtigen Weg.

Einige Mädchen und Frauen mögen es, wenn du den Finger in der Scheide bewegst (z. B. in ihr kreisen lässt), andere bevorzugen es, wenn du ihn tief hineinsteckst und wieder fast herausziehst, wieder andere mögen es am liebsten, wenn du nur den Scheideneingang, die Haut zwischen den Schamlippen oder den Kitzler streichelst. Ihr müsst es einfach miteinander ausprobieren, ein Patentrezept gibt es nicht.

Achte darauf, bei welcher Bewegung deine Freundin die Augen schließt und dir ihr Becken entgegenschiebt.

Das gefällt ihr am besten. Bleib dabei, aber sei nicht dröge wie ein Automat, sondern agiere mit leichter Abwechslung. Du kannst dabei deinen Handballen an die Stelle drücken, wo sich ihr Kitzler befindet.

Manche Mädchen kommen ausschließlich durch Stimulation der Scheide zu einem Orgasmus, andere nur durch das Streicheln der Klitoris, wieder andere gar nicht mithilfe der Hand oder nur, wenn man Scheide und Klitoris gleichzeitig berührt. Deswegen spricht man auch von klitoralen und vaginalen Orgasmen. Sobald sie einen Orgasmus hat, geht ihr Atem immer schneller, und die Beckenbodenmuskulatur zieht sich mehrfach zusammen (das spürst du an den Fingern). Einige Mädchen wollen danach noch langsam weitergestreichelt werden, andere lieber nicht, das wird sie dir aber zeigen, indem sie sich dir entweder weiter entgegenschiebt – oder sich zurückzieht. Während du all das machst, kannst du, wenn ihr entsprechend liegt, zugleich ihren Oberkörper, ihre Arme, ihr Gesicht oder den Busen streicheln oder sie küssen. Meist gilt: Je mehr gleichzeitig, desto besser.

Spezieller Tipp für Mädels! Da die Fähigkeit des Zusammenziehens der Beckenbodenmuskulatur einen Orgasmus erleichtert, solltet ihr vielleicht folgende Übung ausprobieren, die angeblich Geishas in Japan immer gemacht haben, um bessere Liebhaberinnen zu sein: Versuch herauszufinden, ob du deine Beckenbodenmuskulatur spürst, sie sogar zusammenziehen kannst. Am einfachsten bekommst du das Gefühl dafür, wenn du dich daran erinnerst, wie es sich anfühlt, wenn du ganz dringend auf die Toilette musst und du deswegen alles dort unten zusammenziehst, damit du nicht auf der Stelle in die Hose machst. Dieselbe Muskulatur ziehst du jetzt einfach mal zehnmal zusammen und lässt wieder locker, gern auch mal etwas länger zusammengezogen halten. Diese Übung machst du nun ein paarmal am Tag (im Bus, im Unterricht, wenn du Wartezeiten hast und dir langweilig ist, beim Hausaufgabenmachen etc.). Keine Angst, keiner kann es von außen sehen, solange du dabei nicht dein Gesicht verziehst. Diese Übung musst du auch nicht für den Rest deines Lebens jeden Tag machen, aber vielleicht mal einen Monat lang täglich, denn so wie ein Waschbrettbauch auch erst entsteht, wenn man fleißig trainiert, muss man die Beckenbodenmuskulatur auch trainieren, damit sie stärker ausgeprägt ist, und das hilft dir letztendlich dabei, schneller einen Orgasmus zu bekommen.

- *Mädchen beim Jungen:* Wenn ihr ganz frisch zusammen seid und dein Freund leicht zu erregen ist, kann es sein, dass er einen Orgasmus hat, schon weil du eine Weile von außen durch die Hose hindurch seinen Penis reibst. (In etwa so kräftig, als würdest du mit einer Hand Pizzateig kneten.) Die Hand in die Hose eines Jungen zu schieben, ist nicht ohne. Du kannst nämlich nicht wissen, wie und wo der Penis gerade liegt oder steht. Beste Lösung: Gürtel, Knopf und Reißverschluss öffnen!

Zweitbeste Lösung: Vorsichtig vortasten! Wenn der Penis steif wird, will er eigentlich nach vorne abstehen. Das kann er aber in Unterhose und Hose nicht. Also ist er irgendwohin zur Seite hingebogen (meist nach links oder rechts, nur selten nach unten). Die Biegung selbst ist schon unangenehm, wenn du jetzt auch noch am Penis ziehst und ihn knickst, macht das die Sache nicht besser. Im Zweifelsfall Penis lieber nach oben ziehen als nach unten drücken. Am besten, die Position so lassen und vorsichtig die Finger darumlegen, als würdest du z.B. einen Minihamster in deiner Hand halten wollen. Und abwarten. Nach einer Weile kannst du anfangen, die Hand hin und her zu bewegen – achte auf die Laute, die dein Freund von sich gibt. Es existiert ein erkennbarer Unterschied zwischen erfreutem Stöhnen und unzufriedenem Grunzen. (Ja, er könnte auch einfach sagen, was er will, aber Jungs trauen sich das in diesem Moment genauso wenig wie Mädchen.)

Wie gesagt, angenehmer ist es, Hose und Unterhose aus- oder wenigstens herunterzuziehen. Am besten liegt ihr nebeneinander, der Junge auf dem Rücken. Dann zeigt sein erigierter Penis mehr oder weniger nach oben. Du umfasst ihn nun mit einer Hand fest, aber nicht zu fest. (Wie solltest du den Penis deines Freundes anfassen? Wie eine Marzipankartoffel – fest genug, dass er es spürt, aber nicht drücken. Je steifer der Penis wird, desto fester kannst du zupacken, aber du solltest ihn nie wirklich quetschen, das ist unangenehm.) Dann bewegst du die Hand vorsichtig auf und ab, erst langsam, dann immer schneller. Zwischendrin vielleicht mal fragen: «Gefällt dir das?» Wenn du dich dabei auf die Seite legst, befindet sich dein Arm etwa im rechten Winkel zu seinem Penis. So geht es am einfachsten. Du kannst ihn gleichzeitig küssen, wenn du möchtest.

Du schiebst die Haut, die den Penis umgibt, auf und ab. Manche Jungen mögen dabei den Moment besonders gern, wenn du nach vorn zur Eichel kommst, die sehr empfindlich ist (deshalb Vorsicht: Du kannst deinem Freund hier mit einer falschen Bewegung oder zu scharfen Fingernägeln schnell Schmerzen zufügen); andere finden das eher zu intensiv. Nach einiger Zeit kannst du recht schnell streicheln oder die Hand auf und ab bewegen; die Geschwindigkeit ist etwa so, als wolltest du dir an einem kalten Wintertag die Hände aneinander warm reiben.

Manche Jungen haben sehr trockene und empfindliche Haut. Wenn das bei dir so ist, leide nicht, sondern sag es deiner Freundin. Ihr könnt es ein anderes Mal wieder versuchen oder Gleitcreme oder Spucke verwenden. (Du kannst auch deinen Penis mehrere Tage hintereinander abends mit normaler Hautcreme eincremen, das reicht oft schon.)

Steht der Junge kurz vor dem Orgasmus (und damit normalerweise auch vor der Ejakulation, dem Samenerguss), geht sein Atem schnell, und er reckt sein Becken leicht in die Höhe. Plötzlich spürst du dann ein Pulsieren im Inneren des Penis, und dann schießt oder quillt die Samenflüssigkeit oben heraus. (Ob sie schießt oder quillt, ist von allen möglichen Faktoren abhängig, ist aber völlig egal.)

Samenflüssigkeit (auch «Sperma» genannt) ist weißlich und – wie gesagt – wässrig-schleimig (ein bisschen wie fettarmer Joghurt). Manchmal enthält sie auch kleine Klümpchen. Auch das ist normal und weder ein gutes noch ein schlechtes Zeichen. Ihr solltet sie nach ein paar Minuten mit einem Taschentuch wegwischen. Achtet darauf, dass du keine Samenflüssigkeit in deine Scheide bekommst – ein weiterer Grund dafür, erst das Mädchen zu befriedigen, dann den Jungen. Sonst kannst du womöglich auch ohne Geschlechtsverkehr schwanger werden.

Ab dem Moment, in dem die Samenflüssigkeit austritt, solltest du deine Hand einfach stillhalten oder nur noch sehr langsam bewegen – alles andere wäre zu viel.

Schon küssen allein, erst recht aber «mehr» (egal, ob er deinen Busen streichelt oder du seinen Penis) kann dazu führen, dass Penis und Hoden durch die langanhaltende Erregung hinterher wehtun. (Im Englischen nennt man das «blue balls», weil alles sich ähnlich anfühlt, als hätte man einen blauen Fleck.) Dagegen helfen dem Jungen wahlweise Abwarten (nach einem Tag ist alles wieder gut) und Selbstbefriedigung. Auf keinen Fall gibt es einen Grund zu behaupten, er müsse unbedingt mit dir schlafen, sonst käme es zu gesundheitlichen Schäden. Das ist völliger Unsinn!

LECK MICH DOCH!

Was ist eigentlich Sex genau? Darüber gehen die Meinungen auseinander. Die einen sagen, ausschließlich Geschlechtsverkehr sei Sex. Andere finden, jede Form des erotischen Miteinanders sei Sex, spätestens ab dem Küssen. Deswegen kann man Oralsex entweder vor «richtigem» Sex einordnen – oder hinterher als besonders intime Variante. Und Oralsex? Was ist das?

Das ist, wenn man das Geschlechtsteil des Partners mit dem Mund («oral» ist lateinisch: «mündlich», «mit dem Mund») liebkost. Man sagt auch «blasen» oder «lecken» dazu. Zumindest eine dieser Bezeichnungen führt jedoch in die Irre, denn geblasen (wie in einen Luftballon) wird dabei auf keinen Fall! Wie ihr gegenseitig Brust und Busen streicheln und küssen könnt, steht schon in dem entsprechenden Abschnitt. («Necking und Petting: wenn die Hände auf Wanderschaft gehen», S. 173.) Zieht ihr euch weiter aus und küsst euch überall, landet ihr früher oder später zwischen den Beinen des anderen. Viele Menschen finden das eklig oder unanständig, andere können sich nichts Schöneres vorstellen. Bei den meisten liegt es irgendwo dazwischen. Wenn dir nicht danach ist, die Zunge zwischen die Schamlippen deiner Freundin zu stecken oder den Penis deines Freundes in den Mund zu nehmen – völlig okay.

Vergiss es einfach. Mach es ein anderes Mal, später, oder nie mehr. In diesem Fall kannst du den Rest des Kapitels vorläufig überspringen.

Das Wichtigste zuerst! Von Oralsex kann man nicht schwanger werden! (Wohl aber kann man es schaffen – wie gesagt –, mit der Samenflüssigkeit so rumzuschmieren, dass es dann doch klappt, also Vorsicht!)

Vielleicht machst du dir Sorgen, dass du «untenherum nicht so gut riechst». Das ist nicht ganz unberechtigt. Mädchen riechen nach frühestens einem halben Tag etwas unangenehm. Jungs nach altem muffig wirkendem Schweiß. Wenn du also mit deinem Freund oder deiner Freundin verabredet bist, kann es nicht schaden, vorher noch mal kurz mit einem feuchten Stück Toilettenpapier oder Waschlappen über bzw. durch den Schambereich zu fahren und sich lieber einmal mehr den Po abzuwischen. Mehr ist nicht nötig – Intimdeos sind totaler Quatsch und schaden im schlimmsten Fall deinen Schleimhäuten. Außerdem ist es mehr als merkwürdig, wenn man zwischen die Schenkel eines Mädchens taucht und dort duftet es nach Weichspüler.

Jungs sollten darauf achten, dass sie täglich das Smegma unter der Vorhaut entfernen – es schmeckt, wie erwähnt, etwas ranzig. «Ich kann dich gut riechen», sagt man ja übrigens nicht umsonst – wir haben unsere Schweißdrüsen nicht nur zur Abkühlung an heißen Sommertagen, sondern auch zum Anlocken von Sexpartnern! Ein leichter Schweißgeruch wirkt auf das andere Geschlecht nicht abstoßend, sondern erregend. (Ach, die Natur! Das hat sie sich gut ausgedacht.) Etwa zwei Drittel der Mädchen und ein Drittel der Jungen rasieren sich im Schambereich entweder ganz oder teilweise. Das ist eine Mode, aber für Sex und Oralsex weder nötig noch hilfreich (Weiteres zur Intimrasur auf S. 250 f.).

Für viele Menschen ist Oralsex viel intimer als Geschlechtsverkehr, für andere ist «alles erlaubt außer reinstecken». Das hängt ganz von euren Moralvorstellungen ab. Manche Jungen und Männer sind leider der Meinung, es wäre völlig selbstverständlich, dass die Freundin oder Frau ihnen einen bläst – sie packen sogar ihren Kopf und drücken ihn herunter zu ihrem Penis. (Und als wäre das nicht unsympathisch genug, sind sie natürlich umgekehrt überhaupt nicht bereit, ihre Partnerin auf dieselbe Weise zu befriedigen.)

Wenn du an so einen Typen geraten bist, lehn so

freundlich wie möglich ab («Das möchte ich noch nicht» oder «Jetzt gerade nicht»), verabschiede dich so bald wie möglich («Mist, mir fällt ein, ich muss noch Hausaufgaben machen!») und triff dich am besten nie wieder mit ihm.

AUGEN ZU UND DURCH?
DAS ERSTE MAL

Endlich ist es so weit! Oder? Wenn vom «ersten Mal» die Rede ist, wissen alle gleich Bescheid. Oft ist es das, was du dir schon lange wünschst. Oder du fragst dich zumindest, wie es sein würde.

Tatsächlich findet der erste Sex in über einem Drittel aller Fälle statt, «weil es sich so ergeben hat». Das ist kein guter Grund! Gute Gründe sind: Verliebtsein. Liebe. Und das war's eigentlich auch schon.

Initiative zum ersten Geschlechtsverkehr

Mädchen

	Deutsch	Migrationshintergrund
In erster Linie wollte ich es	2	3
In erster Linie wollte mein(e) Partner(in) es	8	11
Wir hatten beide den Wunsch	43	40
Hat sich in der Situation so ergeben	39	38
Ich war neugierig	8	7

Jungen

	Deutsch	Migrationshintergrund
In erster Linie wollte ich es	9	21
In erster Linie wollte mein(e) Partner(in) es	2	6
Wir hatten beide den Wunsch	46	34
Hat sich in der Situation so ergeben	34	32
Ich war neugierig	7	5

(Prozentzahlen)

(vgl. BZgA Jugendsexualität 2010)

Auch «Er würde mich sonst verlassen», «Alle meine Freunde haben es schon gemacht», «Sie hält mich sonst für einen Versager», «Es gehört eben dazu», «Er hat gesagt, sonst platzen seine Eier» – sind alles keine guten

Gründe. (Und im Fall der Eierexplosion auch noch erstunken und erlogen. Eier explodieren nur in der Mikrowelle.) Miteinander schlafen solltet ihr erst dann, wenn euch nichts einfällt, was ihr lieber machen wollt – egal, ob Eis essen, ins Kino gehen, mit Freunden treffen oder sonst was! Doch selbst dann gibt es gute Gründe, die dagegensprechen könnten:

- Du hast keine Verhütungsmittel zur Hand oder noch nicht über Verhütung gesprochen oder nachgedacht.
- Einer der Beteiligten ist zu jung oder zu alt. Außerdem finden wir sowieso, Sex vor vierzehn ist zu früh und ein Altersunterschied von mehr als vier Jahren zu groß.
- Du hast Angst, deine Jungfräulichkeit zu verlieren, z. B. weil du aus einem sehr katholischen oder muslimischen Elternhaus kommst.
- Du willst prinzipiell erst nach der Hochzeit mit deinem Mann bzw. deiner Frau Geschlechtsverkehr haben.

Zu Verhütungsmitteln kommen wir gleich noch. Wer keine hat, warum auch immer, sollte alles mögliche andere machen, aber keinen Geschlechtsverkehr haben. Erstens, um nicht ungewollt ein Baby zu bekommen, zweitens, um Geschlechtskrankheiten zu vermeiden, und drittens, weil junge Menschen, die sich nicht um Verhütung kümmern, unserer Meinung nach zwar Sex sicher auch körperlich äußerst angenehm finden können, aber seelisch noch nicht reif dafür sind.

- *Einer oder beide sind unter vierzehn:* Jeder Junge und jedes Mädchen unter 14 Jahren gilt vor dem Gesetz als Kind. Bist du unter vierzehn und hast Sex mit jemandem, der 18 Jahre oder älter ist, macht er sich wegen «sexuellen Missbrauchs von Kindern» strafbar. Und zwar sogar dann, wenn du ihn dazu verführt haben solltest. Denn der Erwachsene trägt allein die rechtliche Verantwortung dafür, wenn er mit einem Kind schläft! Sex mit Kindern gilt zu Recht als schwere Straftat und wird hart bestraft. Auch Jugendliche zwischen 14 und 17 Jahren machen sich strafbar, wenn sie mit einem Kind (also jemandem unter 14) Sex haben. (Deshalb gilt, wenn deine Freundin oder dein Freund noch unter vierzehn ist: Abwarten und gemeinsam Tee trinken, statt vor Gericht zu landen.)
- *Seid ihr beide noch nicht vierzehn*, dann sind alle sexuellen Handlungen, wie intensives Zungenküssen und wilde Knutschereien – von Oralverkehr über Petting bis zum Geschlechtsverkehr –, für euch zwar noch verboten, aber ihr könnt nicht dafür bestraft werden, weil ihr noch nicht strafmündig seid. Allerdings können eure Eltern wegen Vernachlässigung ihrer Aufsichtspflicht zur Verantwortung gezogen werden.
- *Du bist vierzehn oder fünfzehn:* Alles easy, wenn dein Freund oder deine Freundin höchstens zwanzig ist und eine echte Liebesbeziehung besteht (ihr also fest zusammen seid und er dich zu nichts drängt). Die typische Situation, in der beide über vierzehn und etwa gleich alt sind, ist also eindeutig legal. Auch wenn dein Sexpartner einundzwanzig oder älter ist, macht er sich nur dann strafbar,

wenn er ausnutzt, dass dir «die Fähigkeit zur sexuellen Selbstbestimmung fehlt» (also wenn er dich zu etwas drängt oder treibt, was du eigentlich noch gar nicht willst). Deine Eltern können allerdings eine sexuelle Beziehung zu jemandem verbieten, der über zwanzig ist, wenn sie glauben, dass dir die Beziehung schadet.

● *Du bist sechzehn oder älter:* Ab jetzt ist (fast) alles erlaubt. Du kannst Sex haben, mit wem du willst, egal wie alt sie oder er ist. Auch dabei gilt jedoch: Niemand darf gegen seinen Willen mit Gewalt oder Drohungen zu sexuellen Handlungen gezwungen werden! Solange du noch nicht volljährig (also mindestens 18 Jahre alt) bist, können dir deine Eltern allerdings eine sexuelle Beziehung untersagen, wenn sie der Ansicht sind, dass sie dir schadet. Hält sich deine Freundin oder Freund nicht an das Verbot, können sie sie oder ihn bei der Polizei anzeigen.

Streng verboten: Sexuelle Beziehungen zwischen Schülern unter achtzehn und Lehrern, Pädagogen, Trainern, Ausbildern, Aufsehern und so weiter!

Ein Altersunterschied von mehr als vier Jahren ist bei Erwachsenen (vielleicht auch bei deinen Eltern) eher die Regel als die Ausnahme. Aber der körperliche und seelische Unterschied zwischen, sagen wir mal, acht Jahren (das wäre zirka in der zweiten Klasse), zwölf Jahren (fünfte, sechste Klasse) und sechzehn Jahren (zirka zehnte Klasse) ist eben weit größer als der zwischen 26 Jahren, 30 Jahren und 34 Jahren (das sind alles Leute, die schon wie Eltern aussehen, aber noch nicht wie Großeltern). Jemand, der deutlich älter ist als du, sollte es als selbstverständlich ansehen, dich nicht auszunutzen, sondern ganz besonders vorsichtig mit deinen Gefühlen umgehen.

In vielen streng katholischen und streng muslimischen Familien wird es als sehr wichtig erachtet, dass ein Mädchen als Jungfrau in die Ehe geht. (Eine Jungfrau ist eine Frau, die noch nie mit einem Mann geschlafen hat.) Als Beweis dafür wird das Jungfernhäutchen, auch «Hymen» genannt, angesehen, das sich im Scheideneingang befindet. Es reißt meist beim ersten Sex, und manchmal gelangen dabei einige Blutstropfen auf das Laken, das nach der Hochzeitsnacht wie eine Trophäe hochgehalten wird. (Alternativ wird die junge Braut vor der Eheschließung zum Arzt geschickt, der – gegen jede Schweigepflicht – ihre Jungfräulichkeit bestätigen soll.) Das Problem an der Sache ist, dass das Jungfernhäutchen auch schon vor dem ersten Sex reißen kann und manche Mädchen sogar ganz ohne Hymen geboren werden.

Sind deine Eltern in dieser Hinsicht sehr streng, dann verpflichtet dich das zwar nicht zu Gehorsam ihnen gegenüber, aber du musst dich in irgendeiner Form mit ihren Wünschen auseinandersetzen. Entweder sprecht oder diskutiert ihr darüber. Oder du hältst dich an ihre Vorgaben. Beziehungsweise du ignorierst sie einfach und lügst. Egal, was du machst, solltest du immer versuchen, dir über die Folgen deines Handelns im Klaren zu sein, und gewissenhaft eine Entscheidung fällen.

Das solltest du wissen! Was gar nicht geht und in Deutschland inzwischen auch verboten ist, sind Zwangsehen, bei denen ausschließlich die Eltern eines Mädchens entscheiden, wen sie heiratet. Das verstößt gegen die Menschenrechte. Wenn deine Eltern so etwas tun wollen, wirst du es sehr schwer haben, es ihnen auszureden, aber du solltest dich unbedingt an eine Beratungsstelle wenden und dir helfen lassen. Die «Online-Beratung zum Schutz vor Zwangsheirat» beispielsweise ist erreichbar über www.zwangsheirat-nrw.de und kann die Erstberatung übernehmen und dich ggf. an eine Beratung in deiner Nähe vermitteln. Die Hilfsorganisation «Terre Des Femmes» bietet auf www.zwangsheirat.de ebenfalls Infos sowie eine Liste lokaler und überregionaler Beratungsstellen. (Es gibt auch eine telefonische Beratung, deren neue Nummer war jedoch bei Redaktionsschluss noch nicht bekannt.)

Es kann aber auch sein, dass du aus eigener Überzeugung keinen Sex vor der Ehe haben möchtest. Dann hilft es, sich und den Partner bzw. die Partnerin gar nicht erst «in Versuchung» zu bringen. Je nachdem, was ihr als erlaubt anseht, könntet ihr z. B. knutschen oder euch streicheln oder euch sogar gegenseitig mit der Hand oder dem Mund zum Orgasmus bringen – oder vielleicht auch «nur» Händchen halten. Natürlich kann man nicht beeinflussen, in wen man sich verliebt, aber wenn ihr in dieser Hinsicht sehr unterschiedliche Vorstellungen habt, deutet das auf grundsätzlich sehr verschiedene Weltsichten hin, sodass ihr vermutlich ohnehin kein so großartiges Paar abgeben werdet. Daher raten wir dazu, es dem anderen recht früh zu sagen, wenn du dich «aufsparen» willst. Kann der andere damit gar nichts anfangen, dann verschwendet keine Zeit miteinander.

Viele Motive, erst nach der Hochzeit miteinander zu schlafen, sind übrigens religiös begründet und somit sachlich schwer nachvollziehbar (nicht umsonst heißt es ja «glauben») – aber eines taucht immer wieder auf, und an dem ist auch wirklich etwas dran: Stell dir mal vor, du verliebtest dich später in jemanden, der nicht so toll im Bett wäre. Wenn du vorher Sex mit anderen gehabt hättest, könntest du das einschätzen und wärst vermutlich enttäuscht und unzufrieden. Hättest du keinen Sex mit anderen gehabt, hättest du keinen Vergleich und wüsstest ganz einfach nicht, was fehlt, sodass die Ehe davon nicht weiter beeinflusst wäre.

Umgekehrt hört man allerdings auch oft die Position, es sei genau deswegen gut und richtig, vor einer möglichen langjährigen Partnerschaft mit anderen Menschen Sex zu haben und vielleicht sogar schon zusammenzuleben, weil man nur so herausbekommen könne, was man mag und was nicht. Auch, was einem besonders wichtig ist. Wie viele Sexpartner wären demnach nötig, um «den Richtigen» oder «die Richtige» zu erkennen? Peter Todd und Lars Penke von der Berliner Humboldt-Universität haben die «Dutzend-Regel» aufgestellt: Maximal zwölf Liebespartner reichen, danach weiß man, welche Merkmale der Wunschpartner haben sollte. Es lohnt sich also nicht, länger nach dem richtigen Partner zu suchen. Das ist natürlich nur eine Theorie und bedeutet nicht, dass man wirklich zwölf Partner braucht, um seine Wünsche einschätzen zu können.

Wie auch immer ihr diese Sache handhaben wollt: Wenn man das erste Mal gemeinsam plant und sich Zeit dafür nimmt, macht es zudem mehr Spaß, als wenn ihr es auf einer Party in der Besenkammer hinter euch bringt.

Und woher sollst du wissen, dass ihr es beide wollt? Miteinander reden! Als Junge kannst du sagen: «Weißt du was? Ich würde wahnsinnig gerne mit dir schlafen. Du auch mit mir?» Und dann wartest du die Antwort ab und nimmst in jedem Fall Rücksicht darauf, was sie sagt. Wenn sie (jetzt) nicht will, wartest du mindestens zwei Wochen oder länger, bevor du das Thema wieder aufbringst. Als Mädchen kannst du dasselbe sagen – es ist aber eher selten, dass ein Junge dann ablehnen würde.

Danach solltet ihr euch Gedanken über die Verhütung machen und vielleicht auch gemeinsam zum Frauenarzt gehen. (Thema Verhütung in: «Zu zweit oder bald zu dritt? Verhütungsmittel und Schwangerschaft», S. 215.) Die beiden am weitesten verbreiteten Verhütungsmethoden sind Kondome (auch «Gummis» oder «Präservative» genannt) und die Pille. Die Pille wird vom Frauenarzt verschrieben. Sie ist für junge Mädchen kostenlos, und der Arzt ist nicht verpflichtet, deine Eltern darüber zu informieren, dass er dir die Pille verschrieben hat (und er wird es auch nicht tun). Das bedeutet, du kannst einfach selbst zum Frauenarzt gehen, dir dort die Pille verschreiben lassen, sie kostenlos in der Apotheke holen und dann einnehmen, ohne mit deinen Eltern darüber sprechen zu müssen!

Für den Arztbesuch benötigst du allerdings die Krankenkassenkarte. Wenn du privat versichert bist, geht eine Rechnung an deine Eltern. Grundsätzlich hast du ein Anrecht auf deine Krankenkassenkarte und kannst damit allein zum Arzt gehen. Aber natürlich sind genau die Eltern, die immer in alles reinreden wollen, auch die, die einem nicht ohne Fragen die Karte überlassen. Was also tun? Zwei Möglichkeiten:

Wenn deine Eltern draußen bleiben sollen

- Du wendest dich an die «Pro Familia», die in allen größeren Städten Beratungsstellen unterhält (www.profamilia.de bzw. Telefon: 069/639002). Die Frauenärzte und Frauenärztinnen von Pro Familia untersuchen Minderjährige auf Wunsch kostenlos und ohne Vorlage eines Versicherungsnachweises und verschreiben gegebenenfalls auch die Pille.
- Du lässt bei dir im Alter zwischen 12 und 17 Jahren beim Frauenarzt eine HPV-Impfung durchführen.

199

Das ist sowieso empfehlenswert, denn die schützt gegen Gebärmutterhalskrebs. Das werden deine Eltern höchstwahrscheinlich erlauben und gut finden. Dazu bekommst du zwei bis drei Spritzen – und bei dieser Gelegenheit kannst du deinen Frauenarzt oder deine Frauenärztin fragen, ob du auch ohne Versicherungskarte bzw. ohne Rechnung an die Eltern in die Praxis kommen kannst..

Achtung: Du solltest daran denken, dass die Impfung besonders vor dem ersten Geschlechtsverkehr sinnvoll ist.

Die Pille ist ein Hormonpräparat, das dem Körper vorgaukelt, bereits schwanger zu sein, sodass sich ein möglicherweise befruchtetes Ei nicht in der Gebärmutter einnisten kann. Es gibt auch eine sogenannte Mini-Pille, die weniger Hormone enthält. Dein Arzt oder deine Ärztin wird dir eine Sorte empfehlen. Die Pille muss man täglich etwa zur gleichen Zeit nehmen (manche nur drei Wochen, dann ist eine Woche Pause, andere durchgängig). Wenn du eine vergisst oder z. B. Erbrechen oder Durchfall haben solltest, wirkt sie nicht sicher, und du musst dich entsprechend verhalten und gegebenenfalls auf Geschlechtsverkehr verzichten.

Kondome sind kleine Gummischläuche, etwa wie ein Finger eines Gummihandschuhs, die man über den Penis rollt, sodass die Samenzellen nicht in die Scheide eindringen können. (Mehr über Kondome und ihre Anwendung sowie über weitere Verhütungsmethoden im Kapitel auf S. 215.)

Weit verbreitet zum sicheren Schutz ist heutzutage eine Kombination aus Pille und Kondom. So vermeidet ihr zugleich Schwangerschaften und sexuell übertragbare Krankheiten. Entscheidet ihr euch für die Pille, spricht für guten Stil, wenn der Junge zumindest anbietet, seine Freundin zum Frauenarzt zu begleiten. Dort werdet ihr gemeinsam beraten, bei der tatsächlichen Untersuchung der Geschlechtsteile muss der Junge draußen warten.

Hinweis für Jungs! Verhütung lohnt sich übrigens auch für euch. Ihr müsst sonst nämlich, sobald ihr Geld verdient, Kindesunterhalt zahlen, und der liegt im Normalfall bei weit über 50 000 Euro bis zum 18. Geburtstag!

Also, ganz wichtig: «Aufpassen» – den Penis vor dem Samenerguss aus der Scheide ziehen – und «die Pille danach» sind keine erfolgversprechenden Verhütungsmethoden!

Leider ist es so, dass sexuell erregte Jungen und Männer fast alles tun würden, um zum Zuge zu kommen – so konnte man tatsächlich wissenschaftlich nachweisen, dass sie lieber auf Verhütung verzichten, als zu riskieren, dass die Partnerin es sich anders überlegt, während sie das Kondom aus der Tasche ziehen. (Auch wie alt eine Frau ist und wie sie aussieht, das interessiert sie, wenn sie erst mal erregt sind, nur noch wenig.) Das kannst du dir übrigens auch zunutze machen: Wenn du auf vernünftiger Verhütung bestehst, wird er das nicht etwa als Anlass nehmen, dich sitzenzulassen, sondern ganz im Gegenteil zack, zack das Gummi überstreifen, um endlich loslegen zu dürfen. Und die Erfahrung zeigt: Sex macht deutlich mehr Spaß, wenn man sich nicht darum sorgt, dass möglicherweise eine der Beteiligten schwanger wird.

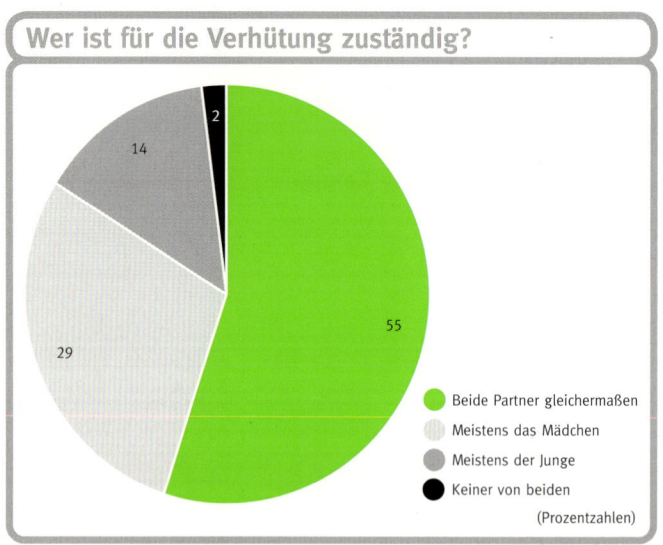

Wer ist für die Verhütung zuständig?

- 55
- 29
- 14
- 2

- ● Beide Partner gleichermaßen
- ○ Meistens das Mädchen
- ● Meistens der Junge
- ● Keiner von beiden

(Prozentzahlen)

(vgl. Dr. Sommer, Studie 2009)

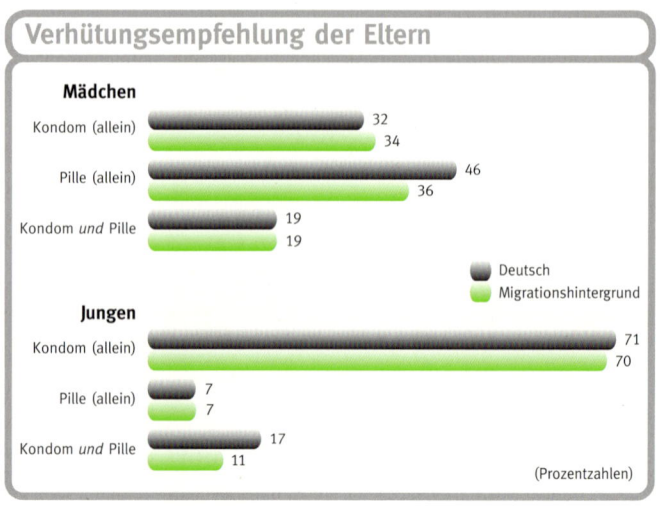

Verhütungsempfehlung der Eltern

Mädchen

Kondom (allein)	32 / 34
Pille (allein)	46 / 36
Kondom *und* Pille	19 / 19

■ Deutsch
■ Migrationshintergrund

Jungen

Kondom (allein)	71 / 70
Pille (allein)	7 / 7
Kondom *und* Pille	17 / 11

(Prozentzahlen)

(vgl. BZgA Jugendsexualität 2010)

202

So. Alles ist bereit.

Ihr kennt euch, küsst euch oft, habt eure Körper schon ein wenig erforscht. Ihr habt euch für eine Verhütungsmethode entschieden und wartet jetzt nur noch auf den richtigen Moment. Eine CD passender Musik liegt bereit, das Bett ist einigermaßen frisch bezogen.

Am häufigsten findet das «erste Mal» in seinem (46 Prozent, vgl. Dr. Sommer, Studie 2009) oder ihrem Zimmer (35 Prozent, vgl. Dr. Sommer, Studie 2009) statt. Am besten dann, wenn die Eltern noch mindestens eine Stunde lang nicht zu Hause zurückerwartet werden. Und trotzdem ruhig die Tür abschließen (oder, wenn du das nicht willst oder darfst, ein Bitte-nicht-stören-Schild raushängen).

Am einfachsten geht es in der «Missionarsstellung»: Ihr küsst und streichelt euch, zieht euch aus und streift dem Jungen bei Bedarf das Kondom über (das alles kann zwischen zehn und dreißig Minuten dauern, man nennt es «Vorspiel»). Dann legt das Mädchen sich auf den Rücken und spreizt die Beine ein wenig, sodass die Füße mindestens sechzig Zentimeter voneinander entfernt sind. Du kannst auch die Füße aufstellen und die Beine anwinkeln, sodass deine Knie hochstehen. Der Junge kniet zwischen deinen Beinen, das Gesicht dir zugewandt. Die Schamlippen des Mädchens öffnen sich in dieser Position ein wenig, und der Junge kann in der Mitte eine Art kleinen Trichter sehen, das ist der Scheideneingang. Dann beugt er sich vor und stützt sich mit einer Hand neben deiner Schulter ab. Sein Gesicht ist nun etwa auf einer Höhe mit deinem, ihr schaut euch also in die Augen (und lächelt euch vielleicht ermutigend an). Dann nimmt er seinen Penis mit der freien Hand, schiebt sein Becken vor und dirigiert die Spitze des Penis mittig zwischen deine Schamlippen in die Scheidenöffnung hinein.

Nicht einfach wild drauflosstochern! Wenn er nicht mit leichtem Druck wie von alleine hineinflutscht, dann stimmt was nicht. Heb dein Becken noch mal an und versuche es erneut. Ist es dem Jungen nach einer Minute nicht gelungen, deine Scheide zu treffen, dann hilf ihm spätestens jetzt. Streck einen Arm nach unten, nimm seinen Penis und schieb ihn an die richtige Stelle. Dann kann er langsam eindringen. Bei manchen Mädchen wird die Schleimhaut schnell feucht, und du glitschst lässig darüber hinweg. Meist aber solltest du vielleicht zwei Zentimeter nach vorn rutschen und dann erst mal wieder einen zurück.

Zu diesem Zeitpunkt kann es vor lauter Aufregung zu Problemen kommen: Der Penis bleibt nicht steif (oder ist gar nicht erst richtig steif geworden) – oder der Junge kommt bereits jetzt zum Orgasmus, und der Penis erschlafft. Beides ist beim ersten Mal (bzw. den ersten Malen) sehr häufig. Mach dir also nichts draus. Als Junge kannst du allein üben, um die Reaktionen deines Körpers besser einschätzen zu lernen. Und wenn du zu schnell zum Orgasmus kommst, kannst du vielleicht, ein paar Stunden bevor ihr euch trefft, onanieren. Als Mädchen solltest du auf keinen Fall lachen, sondern einfach weiter ihm zugewandt, verständnisvoll und zärtlich bleiben. Je geduldiger und vertrauter ihr miteinander seid und umgeht, desto besser. Außerdem möchtest du ja auch nicht ausgelacht werden, wenn du mal auf Anhieb etwas nicht hinbekommst.

Nach einiger Zeit kann der Junge mit seinem Penis ganz in ihre Scheide eindringen. Das kann beim ersten Mal wehtun, weil das Jungfernhäutchen reißt (das fühlt sich vom Schmerzgrad an, wie wenn ein kleiner Kratzer auf der Haut entsteht). Oder es kann einfach unangenehm sein, weil ungewöhnlich, oder sich auch gleich ganz toll anfühlen. Wenn du willst, dass der Junge langsamer macht oder sich ein wenig zurückzieht, sag ihm das oder leg eine Hand von vorn gegen seinen Hüft- bzw. Beckenknochen und schieb ihn leicht zurück (z. B. wenn sein Penis recht lang ist und gegen deinen Muttermund stößt).

Danach raten wir für den Anfang zu einfachen Vor-und-zurück-Bewegungen des Jungen, wobei das Mädchen ihm gern im Gleichtakt entgegenkommen kann. Nicht den Penis immer wieder komplett rausziehen und reinstecken. Im schlimmsten Fall pumpst du damit Luft in die Scheide, was den meisten Mädchen nicht gefällt, und da irgendwann die Luft wieder rausmuss, hört sich das dann wie ein Pups an. Das kann für das Mädchen so peinlich sein (was es eigentlich nicht ist, aber durchaus so wirken kann), dass sie danach völlig blockiert ist und keine Lust mehr auf Sex hat. Also am besten auf das komplette Rausziehen zunächst verzichten. Zum Ende hin werdet ihr immer schneller werden. Ihr könnt euch dabei küssen. Du kannst ihre Brüste streicheln. Und du dein Gesicht an seiner Schulter vergraben. Das hängt davon ab, was euch gefällt und wie groß der Größenunterschied ist.

Der Standard beim ersten Mal ist: Der Junge kommt, hat also einen Orgasmus und einen Samenerguss, das Mädchen nicht. Das ist normal. Hatte das Mädchen nach den ersten zehn Malen noch immer keinen Orgasmus, solltest du überlegen, woran es liegen könnte (vielleicht hast du doch nicht so großes Vertrauen zu dem Jungen, er kommt immer viel zu schnell zur Sache, und du möchtest aber noch länger gestreichelt werden). Sex ist nicht immer für beide gleich schön, sollte aber insgesamt beiden gut gefallen, sonst müsst ihr reden und alles dementsprechend verändern.

Falls ihr Kondome verwendet: Nach spätestens einer Minute, noch bevor der Penis ganz schlaff geworden ist,

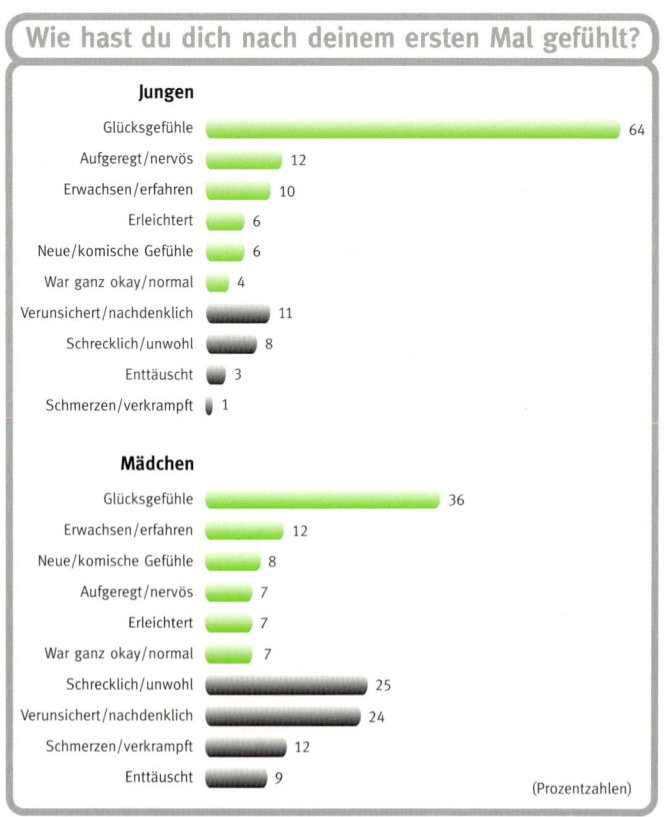

Wie hast du dich nach deinem ersten Mal gefühlt?

Jungen

Glücksgefühle	64
Aufgeregt/nervös	12
Erwachsen/erfahren	10
Erleichtert	6
Neue/komische Gefühle	6
War ganz okay/normal	4
Verunsichert/nachdenklich	11
Schrecklich/unwohl	8
Enttäuscht	3
Schmerzen/verkrampft	1

Mädchen

Glücksgefühle	36
Erwachsen/erfahren	12
Neue/komische Gefühle	8
Aufgeregt/nervös	7
Erleichtert	7
War ganz okay/normal	7
Schrecklich/unwohl	25
Verunsichert/nachdenklich	24
Schmerzen/verkrampft	12
Enttäuscht	9

(Prozentzahlen)

(vgl. Dr. Sommer, Studie 2009)

vorsichtig eine Hand zwischen eure Bäuche schieben, den Ring des Kondoms an der Wurzel des Penis festhalten (damit es nicht abrutscht) und den Penis aus der Scheide ziehen. Kondom (mithilfe eines Taschentuchs) abziehen und in den Mülleimer entsorgen. Nicht ins Klo werfen, wegen der Verstopfungsgefahr. Auch nicht hochhalten und den Inhalt bewundern oder wie ein Gummiband langziehen und versuchen, das Ding in den Papierkorb zu schnipsen. Danach mit den mit Samen beschmutzten Fingern nicht die Scheide anfassen, sondern erst mal Hände gründlich mit Seife waschen. Hinterher könnt ihr noch beieinanderliegen und euch streicheln und küssen. Selbst wenn es nur mittelgut war, solltest du dem anderen sagen, wie schön du es fandest, so was mit ihr/ihm erlebt zu haben.

Tipp für Jungs! Erst am nächsten oder übernächsten Tag fragen, ob es ihr gefallen hat, ob du etwas besser machen könntest. Selbst wenn sie dich anlügt, vermittelst du ihr so Vertrauen.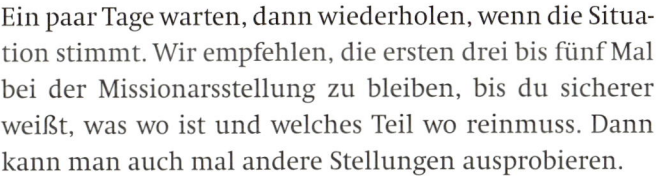

Ein paar Tage warten, dann wiederholen, wenn die Situation stimmt. Wir empfehlen, die ersten drei bis fünf Mal bei der Missionarsstellung zu bleiben, bis du sicherer weißt, was wo ist und welches Teil wo reinmuss. Dann kann man auch mal andere Stellungen ausprobieren.

61 Prozent der Männer – aber nur 5 Prozent der Frauen – sagen «ficken», wenn sie vom Geschlechtsverkehr sprechen. 34 Prozent der Frauen bevorzugen hingegen den Ausdruck «bumsen». Wir haben auch noch einige weitere Bezeichnungen fürs Sexen gefunden:

- abhampeln
- anbohren
- blaxeln
- bürsten
- dengeln
- fitschigagadeln
- geigen
- glonten
- kasematutteln
- knallen
- mauseln
- moppseln
- nageln
- orgeln
- pempern
- poppen
- rammeln
- stöpseln
- vernaschen
- verzupfen
- wammerln
- zwitschern

Wie kannst du deinem Freund oder deiner Freundin zeigen, was dir gefällt? Es ist leichter (und für den anderen angenehmer), auszusprechen oder deutlich zu machen, was man mag. Zum Beispiel kannst du sagen:

- «Oh, ja, das ist schön!»
- «Das mag ich, mach weiter!»
- «Fester!»
- «Sanfter!»

Du kannst ihn oder sie auch fragen (aber mach kein Verhör draus, zwei Fragen pro Nachmittag sind genug): «Gefällt dir das?» Oder: «Ist es so gut?» Und damit diese Antwort auf alle Fälle gut ausfällt, hier noch ein paar Hinweise, was du im Bett nicht tun solltest:

Die schlimmsten Fehler im Bett

- Socken anbehalten.
- Armbanduhr tragen (erstens: Verletzungsgefahr und zweitens: noch schlimmer ist es, draufzugucken).
- Gnadenlos monoton vor sich hin rammeln.
- Ihre Unterwäsche zerreißen (finden nur die wenigsten Mädchen gut).
- Sich danach auf die Seite rollen und wortlos einschlafen.
- Handy nicht ausstellen (oder auf «stumm»). Noch schlimmer: rangehen, wenn's klingelt.
- Licht ausmachen wegen Cellulite (stört Jungs nicht im Geringsten).
- Beim Sex von was ganz anderem erzählen oder reden.
- Den anderen wie ein Vampir in den Hals beißen.
- Fragen, was der andere gerade denkt.
- Danach gleich duschen.
- Unsensibel dauernd fragen: «Liebst du mich?»

MAL SO, MAL SO: ABWECHSLUNG IM BETT

Es gibt Leute, die haben ihr Leben lang nur Sex in der Missionarsstellung. Andere lieben die Abwechslung und verändern sogar bei einem Mal schon mehrfach die Position. Beides ist okay, und auch alles dazwischen. Die beliebtesten Sexstellungen sind:

- *Missionarsstellung.* Hatten wir schon. Sie liegt unten, er liegt oben, sie schauen sich verliebt in die Augen. Geht auch umgekehrt, sie oben, er unten. Variation: Nach dem Eindringen des Penis schiebt das Mädchen die Beine wieder enger zusammen – erhöht die Reibung für beide.
- *Reiterstellung.* Er liegt unten, sie sitzt oben. Gibt dem Mädchen die Kontrolle und dem Jungen einen tollen Ausblick. Tipp: Tempo variieren. Achtung: Lässt er vor lauter Begeisterung seinen Penis zu weit rausrutschen und saust dieser dann wieder runter, kann das gute Stück abknicken – sehr schmerzhaft! Für Fortgeschrittene: Das Mädchen hockt, statt zu knien. Es gibt auch den «Reiter rückwärts» (auch «Reverse Cowgirl» genannt: Junge auf dem Rücken, Mädchen kniet über ihm, schaut aber zu seinen Füßen. Finden die meisten Jungs und Männer toll (weil sie ihren Hintern bewundern können), Mädchen meist eher öde.
- *Doggy Style* oder *Hündchenstellung,* auch «von hinten» genannt. Das Mädchen kniet auf allen vieren vor dem Jungen. Er kniet zwischen ihren Knien (die dafür ein wenig auseinanderrutschen) und dringt von hinten in ihre Scheide ein. Der Junge kann dabei ihren Rücken streicheln oder sich vorbeugen und die Brüste liebkosen. Manche Mädchen finden diese Position besonders erregend, andere stinklangweilig. Variante eins (bei entsprechendem Mobiliar): Mädchen kniet am Rand des Bettes, der Junge steht auf dem Fußboden daneben. Variante zwei: Geht auch im Stehen, das Mädchen muss sich dann an der Wand abstützen

oder z.B. ein wenig über einen Tisch beugen. Vorteil: Man kann dabei halb angezogen bleiben.

- *Löffelchenstellung.* Beide liegen auf der Seite, der Junge hinten (also mit seinem Bauch an ihrem Rücken). Das Mädchen hebt das obere Bein ein wenig, der Junge dringt von hinten in die Scheide ein. Meist sehr langsam und ruhig, mit Kuscheln. Für Fortgeschrittene: Das Mädchen hebt das obere Bein weiter und umfasst vorsichtig den Hodensack des Jungen.
- *Schubkarre.* Das Mädchen liegt auf dem Rücken, der Junge kniet zwischen ihren Beinen und zieht sie an ihren Hüften zu sich hoch. Sie kann sich bequem auf ihren Schultern und Armen abstützen. Variante: Du kannst dem Jungen auch ein Bein über die Schulter legen (oder auch beide Beine).
- *«Im Sitzen» auf einem Stuhl.* Der Junge sitzt auf einem einigermaßen stabilen Stuhl (ohne Armlehnen und Rollen). Das Mädchen stellt sich breitbeinig über seinen Schoß, schaut ihm ins Gesicht und lässt sich langsam auf seinen Penis sinken. (Einer von euch beiden sollte dabei mit der Hand bei der Zielfindung helfen.) Ihr könnt euch anlächeln und küssen.
- *69.* Zählt zu den echten Sexstellungen, obwohl es streng genommen Oralsex ist. *Variante 1:* Einer liegt auf dem Rücken, der andere kniet sich «verkehrt herum» darüber. Das Mädchen nimmt den Penis in den Mund, während der Junge ihre Klitoris und Scheide küsst. (Wenn das Mädchen oben ist, kann sie leichter bestimmen, wie tief sie den Penis in den Mund nimmt.) *Variante 2:* Beide liegen seitlich nebeneinander, einer mit dem Kopf in die eine Richtung, der andere mit dem Kopf in die andere. Das ist weniger anstrengend.
- *Quickie.* Ein Quickie ist eine «schnelle Nummer zwischendurch», meist unter drei Minuten. Diese Stel-

lung ist dafür besonders geeignet (z. B. bei einem gemeinsamen Urlaub): Das Mädchen legt sich rücklings auf einen Tisch, eine Motorhaube oder eine Waschmaschine, der Junge steht zwischen ihren Beinen. (Falls es zu kalt ist, kann man auch ein Handtuch oder eine Decke unter den Rücken legen.) Wenn sie ihm dann die Beine auf die Schultern legt, wird der Sex noch intensiver.

- *Im Stehen.* Das Mädchen lehnt sich mit dem Rücken an die Wand. Der Junge steht vor ihr und umschlingt ihren Rücken oder ihren Po mit den Armen (müsst ihr ausprobieren, hängt vom Größenunterschied ab). Sie legt die Arme um seinen Hals, zieht sich ein wenig hoch, schiebt seinen Penis in sich hinein und schlingt ein Bein oder beide Beine um seine Hüfte. Nichts für Schwächlinge!

- *Analsex.* Geht in vielen Stellungen (z. B. Missionars-, Reiter-, Doggy-Style-Position). Dabei steckt der Junge seinen Penis nicht in die Scheide, sondern in den Anus (das Poloch). Das kann sich toll anfühlen, weil sich dort sehr viele Nerven befinden. Es besteht aber auch eine hohe Verletzungsgefahr, weil die Darmwand sehr dünn und empfindlich ist. Außerdem kann es sehr schmerzhaft sein, den Analmuskel so weit zu dehnen, dass der Penis hindurchpasst. Auf jeden Fall Kondome und wasserbasierte Gleitcreme verwenden! Vorher miteinander reden, niemals einfach den Penis, nach dem Motto «abgerutscht», jemandem ohne Vorankündigung in den Po rammen. Und: Was einmal im Po steckte (Finger, Penis, ganz egal), darf nicht zurück in die Scheide, wegen der Infektionsgefahr mit Darmbakterien. Analsex ist nichts, was man gemacht haben muss – wir schlagen daher vor, erst mal alles andere auszuprobieren.

Hast du schon mal einen Pornofilm gesehen? Oder eine Erotikszene in einem Spielfilm? Da sieht das alles ganz anders aus! Das liegt daran, dass wohl niemand zwei halbnackte, leicht verschwitzte Normalmenschen auf einem Futon mit der Bettwäsche von vor zwei Wochen sehen wollen würde, während im Radio der Lokalsender läuft und der kleine Bruder an die Tür hämmert. Kurz: Da ist alles getrickst! Licht, Make-up, Winkel, Deko, Musik, Dramaturgie, Schnitt, Effekte – erotische und pornographische Filme sind ein Milliardengeschäft, da wird nichts dem Zufall überlassen. Was man da sieht, hat mit der Wirklichkeit nicht das Geringste zu tun – genau so wenig, wie eine schöne Liebesschnulze oder ein saftiger Actionkracher lebensecht sind (oder sein sollen). Vergiss es einfach!

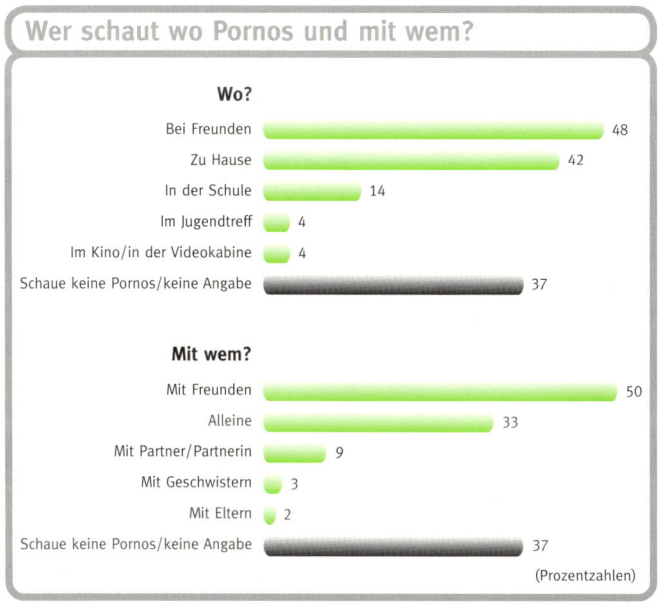

Wer schaut wo Pornos und mit wem?

Wo?

Bei Freunden	48
Zu Hause	42
In der Schule	14
Im Jugendtreff	4
Im Kino/in der Videokabine	4
Schaue keine Pornos/keine Angabe	37

Mit wem?

Mit Freunden	50
Alleine	33
Mit Partner/Partnerin	9
Mit Geschwistern	3
Mit Eltern	2
Schaue keine Pornos/keine Angabe	37

(Prozentzahlen)

(vgl. Dr. Sommer, Studie 2009)

Darüber hinaus gibt es noch weitere viele schöne Sexstellungen. Probiert ruhig aus, was euch in den Sinn
kommt, oder lasst euch vom berühmtesten Liebeslexi-
kon der Welt inspirieren, dem «Kamasutra». Aber immer
daran denken, dass darin völlig zu Recht steht: «Die Tex-
te über die Liebe sind nur von Nutzen, wenn das Verlangen ruht; doch hat sich einmal das Töpferrad zu drehen
begonnen, könnt ihr das Kamasutra beiseitelegen, meine Lieben, denn dann gilt kein Gesetz, keine Regel, keine
Wissenschaft mehr.»

Sex international

«Willst du mit mir schlafen?» auf …
- *Französisch:* Voulez-vous coucher avec moi?
- *Afrikaans (Südafrikanisch):* Wil jy liefde maak?
  (höflich), Lus vir 'n naai? (rüde), Wil jy hê ek moet
  jou lieste blou stamp met 'n sak ballas? (wörtlich:
  Soll ich dir blaue Flecken auf den Innenseiten deiner
  Oberschenkel mit meinem Sack Bälle verpassen?)
- *lateinamerikanisches Spanisch:* ¿Quieres coger
  conmigo?
- *Spanisch:* ¿Quieres acostarte conmigo?
- *Russisch (in Lautschrift):* Hochesh perespat so
  mnoi?
- *Englisch:* Do you want to sleep with me?
- *Polnisch:* Ja chce sie z toba przespa?
- *Portugiesisch:* Queros fazer amor conmigo? (höf-
  lich); Queres foderes conmigo? (Slang)
- *Bayerisch:* Magst (du) mid mia schnackln?
- *Isländisch:* Langar þigv að sofa hjá mér?
- *Griechisch:* Tha itheles na kanoume erwta?

ZU ZWEIT ODER BALD ZU DRITT? VERHÜTUNGSMITTEL UND SCHWANGERSCHAFT

Wie geht das noch mal mit dem Babykriegen? Eigentlich ganz einfach: Eine Samenzelle (von den 40 bis 900 Millionen in einem durchschnittlichen Samenerguss) trifft auf eine befruchtungsfähige Eizelle und dringt in sie ein. Zack, das war's. Keine weitere Samenzelle kann nun in sie hineingelangen. In aller Ruhe wandert sie weiter den Eileiter entlang Richtung Gebärmutter und nistet sich dort in die Gebärmutterwand ein. Sie wächst und wächst und wächst, und etwa neun Monate später ist das Baby fertig und kommt zur Welt.

Jeden Monat wird eine neue Eizelle freigesetzt. Und da die Spermien in der feuchtwarmen Gebärmutter sieben bis acht Tage am Leben bleiben und das Ei etwa drei bis fünf Tage braucht, um durch den Eileiter zu wandern, bis es schließlich mit der Monatsblutung ausgestoßen wird (wenn es unbefruchtet geblieben ist), kommt man schon mal auf zwölf fruchtbare Tage im Monat. Wenn du deine Periode (auch «Tage», «Regel», «Monatsblutung» oder «Zyklus» genannt) sehr regelmäßig bekommst, kann man sie vielleicht noch einigermaßen genau berechnen. Das ist aber nur bei den wenigsten jungen Mädchen der Fall. Warum solltest du also verhüten?

- *Babys großziehen ist sehr anstrengend!* Stell dir mal vor, du müsstest dich um dich kümmern – das ist ja schon hart genug –, und dann müsstest du dich noch um das Baby kümmern! Ab dem Moment, an dem du geschlechtsreif wirst (meist zwischen elf und vierzehn), kannst du Babys zeugen oder kriegen – und das war vor vielen Jahrmillionen auch sinnvoll und richtig so. Die ganz jungen Frauen haben bei bester Gesundheit Babys bekommen und die etwas älteren Frauen haben sich dann (mit) um sie gekümmert. Heute sieht die Welt anders aus. Viele Chancen im Leben kannst du z. B. nicht wahrnehmen, wenn du keinen Schulabschluss hast. Und sich gleichzeitig um ein Kleinkind zu kümmern und zur Schule zu gehen, das ist richtig schwierig. Wie du also dein Leben planen willst, darüber solltest du dir intensiv Gedanken machen.

Einstellung zu unerwarteter Schwangerschaft

(vgl. BZgA Jugendsexualität 2010)

- *Ein Verhütungsmittel (nämlich das Kondom) schützt auch recht gut vor sexuell übertragbaren Krankheiten. Die meisten von ihnen sind nicht tödlich, aber zumindest sehr lästig.*
- *Was ist mit Abtreibungen oder der Pille danach?* Die kann das Mädchen nach einem ungeschützten Geschlechtsverkehr (oder z.B. wenn das Kondom gerissen ist) einnehmen. Du bekommst sie bei deinem Frauenarzt oder deiner Frauenärztin (bist du unter vierzehn, ist allerdings die Zustimmung deiner Eltern erforderlich; bis zum 18. Lebensjahr übernimmt

die Krankenkasse alle Kosten, du musst also nichts zahlen; zwischen achtzehn und zwanzig zahlst du nur eine Praxis- und Rezeptgebühr). Die «Pille danach» ist keine Abtreibungspille, aber ein ziemlicher Hormonhammer, den man sich möglichst selten oder besser überhaupt nicht zumuten sollte, weil sie auf die Dauer deiner Gesundheit schadet. Du musst sie innerhalb von 48 Stunden nach dem ungeschützten Sex nehmen; je früher, desto besser. Am besten lässt man es aber gar nicht dazu kommen!

Abtreibungen werden vorgenommen, wenn bereits eine Schwangerschaft eingetreten ist (das heißt, die Eizelle wurde befruchtet und hat sich erfolgreich in der Gebärmutterschleimhaut eingenistet). Die Schwangerschaft wird dann künstlich beendet. Fachleute streiten darüber, ob der Zellklumpen, der unter normalen Umständen zu einem Baby heranwachsen würde, bereits «Leben» darstellt – oder noch nicht. Die Antwort darauf hängt auch von der jeweiligen moralischen oder religiösen Haltung ab. Auf alle Fälle sind Abtreibungen nur unter besonderen Bedingungen erlaubt (z. B. sehr junge Mutter, Gefahr für Leben von Mutter oder Kind, Schwangerschaft durch Vergewaltigung). Immer dann also, wenn es für Mutter und Kind tatsächlich besser scheint, dass das Kind nicht zur Welt kommt. Eine Abtreibung ist immer ein gesundheitliches Risiko, und viele Frauen plagt danach noch jahre- oder jahrzehntelang ein schlechtes Gewissen.

Deshalb: Abtreibungen sind kein Verhütungsmittel, sondern nur eine absolute Notlösung! (Die Entscheidung für oder gegen eine Schwangerschaft liegt übrigens immer bei der werdenden Mutter allein, niemand darf dich dazu zwingen, das Kind zu bekommen oder nicht zu bekommen.) Wenn du glaubst, schwanger zu sein, kannst du das mit einem Test für zirka fünf bis zehn Euro aus der Drogerie oder Apotheke überprüfen (der ist aber nicht immer ganz korrekt) oder zum Frauenarzt gehen. Wir empfehlen in jedem Fall den Gang zum Arzt. Ihn kannst du gegebenenfalls auch nach Infos über eine Abtreibung fragen. Und keine Angst: Obwohl du dich vielleicht supermies fühlst, hast du ganz sicher nichts getan, was der Arzt oder die Ärztin nicht schon zigmal gehört haben.

Wie gut Verhütungsmittel funktionieren, misst man mittels des «Pearl-Indexes» (benannt nach dem Biologen Raymond Pearl). Er gibt an, wie viele sexuell aktive Frauen, die mit einer bestimmten Methode verhüten, innerhalb eines Jahres schwanger werden. Ein Pearl-Index von 15 bedeutet also beispielsweise, dass von 100 Frauen innerhalb eines Jahres 15 schwanger werden. Je kleiner die Ziffer, desto sicherer die Methode!

Empfehlenswerte Verhütungsmethoden

Antibabypille (bekommst du kostenlos beim Frauenarzt)	Pearl-Index: 0,1 bis 0,9
Minipille (bekommst du kostenlos beim Frauenarzt; enthält weniger Hormone als die normale Antibabypille)	0,5 bis 3 (andere Quellen sagen: 0,1 bis 0,4)
Kondome	2 bis 14

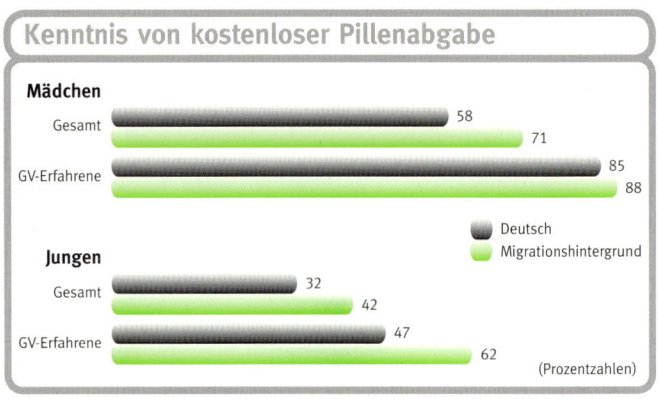

Kenntnis von kostenloser Pillenabgabe

Mädchen
- Gesamt: 58 / 71
- GV-Erfahrene: 85 / 88

■ Deutsch
■ Migrationshintergrund

Jungen
- Gesamt: 32 / 42
- GV-Erfahrene: 47 / 62

(Prozentzahlen)

(vgl. BZgA Jugendsexualität 2010)

Weniger empfehlenswerte Verhütungsmethoden sind:

Weitere wichtige Verhütungsmethoden auf einen Blick	
Vaginalring (Hormone in einem Kunststoffring, der in die Scheide eingeführt wird)	0,25 bis 1,18
Verhütungspflaster (Hormone; Frauenarzt)	0,9
Diaphragma (auch «Scheidenpessar» genannt; eine Art «Schutzkappe» vor dem Gebärmuttereingang – nicht einfach einzusetzen)	1 bis 20
Portiokappe (ähnlich dem Diaphragma; beide können zusammen mit spermatötenden Cremes angewandt werden)	6
Femidom (eine Art «Kondom für die Frau» – nicht leicht anzuwenden)	5 bis 25
Spermizide (als Gel oder Scheidenzäpfchen aus Apotheke oder Drogerie; töten die männlichen Samen, schaden aber der Schleimhaut in der Scheide)	3 bis 21

Nicht empfehlenswerte Methoden, weil vor allem bei jungen Mädchen schwer korrekt durchzuführen oder für junge Mädchen medizinisch ungeeignet:

Dreimonatsspritze (wie eine Antibabypille als Spritze; Frauenarzt)	0,3 bis 1,4
Verhütungsstäbchen (Hormone für drei Jahre, die aus einem in den Oberarm eingesetzten Stäbchen freigegeben werden; Frauenarzt)	0,01
Hormonspirale (Hormone für drei bis fünf Jahre, die aus einer in die Gebärmutter eingesetzten Spirale freigegeben werden; Frauenarzt)	0,2
Hormonmessung (Feststellung der fruchtbaren/unfruchtbaren Tage mithilfe einer Hormonmessung des Morgenurins)	6
Temperaturmethode (Feststellung der fruchtbaren/unfruchtbaren Tage mithilfe einer Hormonmessung der morgendlichen Körpertemperatur)	1 bis 3
Billingsmethode (Feststellung der fruchtbaren/unfruchtbaren Tage durch Selbstuntersuchung der Beschaffenheit des Scheidenschleims)	5 bis 15
Knaus-Ogino-Methode (Berechnung der fruchtbaren Tage; funktioniert nur bei einer sehr regelmäßigen Monatsblutung)	9 bis 40
Coitus interruptus (auch «aufpassen» genannt; der Junge oder Mann soll seinen Penis vor dem Samenerguss aus der Scheide ziehen. Diese Methode ist vor allem deshalb so unsicher, weil schon vor dem eigentlichen Samenerguss Spermien aus dem Penis in die Scheide kommen können.)	4 bis 18
Sterilisation (Durchtrennung der Samenleiter bzw. Eileiter; wird nur bei Erwachsenen durchgeführt.)	0,1 bis 0,5

Manche der gerade genannten Methoden klingen viel besser oder auch preiswerter als Pille oder Kondom. Was aber ist ihr größter Nachteil? Die meisten von ihnen sind erst bei erwachsenen Frauen anwendbar. Viele funktionieren nur dann gut und sicher, wenn sie superkorrekt durchgeführt werden (und man kann davon ausgehen, dass Jugendliche das manchmal im Eifer des Gefechts versäumen).

«Ich passe schon auf.» Das ist immer noch ein beliebtes Argument von Jungen, die auf Kondome und Verhütung verzichten, um jetzt, hier und sofort Sex haben zu können. Lass dich nicht darauf ein! Ein Junge, der so argumentiert, hat erstens keine Ahnung und ist zweitens ein Charakterschwein. Du bist ganz und gar von seiner Selbstkontrolle abhängig (und wie schwer die ihm fällt, zeigt ja schon sein Drängen). Und du bist nicht vor sexuell übertragbaren Krankheiten geschützt, was speziell bei Typen, die es jetzt und sofort wollen, einem Verzicht auf Vorsichtsmaßnahmen gleicht.

Umgekehrt: Du als Junge weißt nicht, ob sie (wirklich) die Pille nimmt, und außerdem ist das Ansteckungsrisiko für sexuell übertragbare Krankheiten vom Mädchen auf den Jungen größer, als die meisten Jungen annehmen. Deshalb: Kondome schützen auch dich!

Allerdings: Wenn ihr bereits seit einiger Zeit ein (treues) Paar seid und einander vertraut, reicht natürlich ein Verhütungsmittel aus. Sonst raten wir zu Kondom plus Pille – einfach, bewährt, aber auch sicher.

Du siehst also: Es gibt genügend Verhütungslegenden und Verhütungsmittel, die keine sind. «Aufpassen», «rausziehen» usw. gehören unbedingt dazu. Analverkehr ist auch keines – erstens kann bei Analverkehr trotzdem Sperma heraustropfen und in die Scheide geraten, zweitens ist die Verletzungsgefahr (vor allem ohne Gleitmittel) hoch (zumal unter Anfängern, und nur die halten Analverkehr für eine Verhütungsmethode) und drittens besteht ohne Kondom ein erhöhtes Ansteckungsrisiko bei sexuell übertragbaren Krankheiten. Die Scheide nach dem Sex mit Cola (oder Cola light) auszuspülen, das hilft ebenso wenig – Cola tötet keine Spermien, außerdem sind die schon längst in der Gebärmutter verschwunden, bis du deine Cola hinterhergießen kannst. Die alten Ägypter (oder vermutlich eher die jungen Ägypterinnen) haben es übrigens früher mit Essig versucht, genauso erfolglos.

Während der Menstruation kann man nicht schwanger werden? Doch, denn manchmal kommt es zeitversetzt zu zwei Eisprüngen, und außerdem können Samenzellen rund eine Woche in der Scheide überleben und so auf den regulären Eisprung «warten». Auch die Behauptung, beim ersten Sex könne man nicht schwanger werden, ist Blödsinn. Ebenso ist falsch: Wenn ein Mann betrunken sei, könne die Frau nicht schwanger werden. (Man kann sich leicht ausmalen, wer sich in welcher Situation dieses Märchen hat einfallen lassen.) Ebenso ist es sehr wohl möglich, dass es ohne Orgasmus zur Befruchtung kommt. Zwar gehen Wissenschaftler davon aus, dass die Muskelkontraktionen des weiblichen Unterkörpers das Sperma quasi der Eizelle entgegenschieben sollen, aber notwendig ist das nicht. Nur im Stehen Sex zu haben, das hilft genauso wenig – für solche billigen Tricks sind wir biologisch viel zu raffiniert ausgeformt. Spermien sind nicht so leicht auszutricksen.

Viele Männer (und auch manche Jungen) behaupten: «Mit Kondom fühlt man gar nichts.» Das ist auch mal wieder Unsinn. Kondome sind 0,03 Millimeter dünn, sodass man fast alles durch sie hindurch spürt. Ja, Haut auf Haut fühlt sich anders an – das stimmt. Aber dieser winzige Verlust an Intimität ist eben der Preis dafür, mit hoher Wahrscheinlichkeit noch nicht Vater zu werden. Etwas «echter» fühlen sich übrigens die deutlich teureren, latexfreien Kondome an, die auch nicht so sehr nach Gummi riechen.

Wie findest du die richtige Kondomgröße? XXL braucht niemand. Die rutschen höchstens ab. Nimm einfach die normale Größe, die passt schon. Wenn du es genauer wissen willst: Stecke deinen erigierten Penis in das Pappröhrchen einer Klorolle. Passt das ungefähr, bist du Durchschnitt. Ist ein Fingerbreit oder mehr Platz, nimm extraschmale Kondome. Nur wenn du deinen Penis gar nicht in die Papprolle kriegst, bist du ein Fall für Größe L.

Mädchen, bitte bedenkt: Falls dein Freund wirklich kein Kondom benutzen will, handelt er extrem verantwortungslos. Vergiss ihn. Der nächste Junge wird sich freuen, mit dir schlafen zu dürfen, und nicht rummeckern, wenn er wirklich ein brauchbarer Typ ist! Im Übrigen: Man kann sich auch sexuell miteinander vergnügen, ohne Geschlechtsverkehr zu haben. Und wenn der andere noch so quengelt und drängelt – niemand stirbt oder wird krank davon, jetzt keinen Sex zu haben.

Bei der Gelegenheit! Es lohnt sich, vorab in ein bis zwei Übungskondome zu investieren. Du kannst sie in der Drogerie kaufen – wenn dir der Einkauf peinlich sein sollte, bist du wahrscheinlich eh noch zu jung für Sex. (Außerdem denk daran: Es interessiert die Verkäufer dort nicht im Geringsten, was du aufs Band legst.) Kondome aus dem Automaten sollte man eher meiden – vor allem, wenn die draußen stehen und Wind und Wetter ausgesetzt sind. Im schlimmsten Fall werden die Kondome darin spröde oder rissig und sind damit zu unsicher. Zum Üben sind sie allerdings okay.

Welche Sorte solltest du nehmen? Egal. Gerippt oder

genoppt bringt nicht wirklich etwas; mit Duft oder Geschmack kann ganz lustig sein. Außerdem kaufst du dir eine Banane oder Zucchini. Zu Hause liest du die Anleitung, packst das Kondom aus, hältst die Spitze mit dem Reservoir, in dem der Samenerguss gesammelt wird, mit Daumen und Zeigefinger zu, streifst es über die Banane oder Zucchini und kannst stolz sein, dass du jetzt Bescheid weißt. Hinterher kannst du das Obst oder Gemüse abwaschen, essen oder ins Kühlfach legen. Solltest du ein Junge sein: Du hättest natürlich auch ohne vegetarische Unterstützung üben können. Wichtig im Ernstfall ist es jedenfalls, das Kondom nicht erst mal falsch herum – mit der Außenseite nach innen – auf den Penis zu setzen, denn dann könnten für das Auge unsichtbare Spermaspuren auf die Außenseite gelangen.

Außerdem: Kondompackung nicht mit den Zähnen (oder einer Nagelschere oder sonstigen scharfen Gegenständen) öffnen, sonst wird es gelocht, was ja nicht im Sinne des Erfinders sein kann. Wenn sich die geschlossene Verpackung wie ein Luftpolster drücken lässt, ist sie unversehrt, was auf einen ebenfalls unversehrten Zustand des Kondoms schließen lässt. Auch Kondome haben Verfallsdaten, bitte beachten. Nicht zwei Kondome übereinanderziehen. Das ist nicht doppelt so sicher, sondern die Reibung erzeugt Löchlein. Fun-Kondome schützen nicht (so gut), sondern sind nur lustig anzusehen. Präservative, die du mit Wasser gefüllt oder aufgeblasen hast, nicht mehr zur Verhütung verwenden.

Geschlechtskrankheiten werden auch als «sexuell übertragbare Krankheiten» bezeichnet oder als «STDs» (Abkürzung des englischen Begriffs «Sexually Transmitted Diseases»). Sie können nicht nur durch Verkehr übertragen werden, dies ist aber der häufigste Infektionsweg. Die gefährlichste Krankheit dieser Art ist Aids. Derzeit ist noch keine Heilungsmöglichkeit bekannt, obwohl die Therapiemöglichkeiten mittlerweile sehr gut sind.

Eine Infektion mit dem HI-Virus (HI steht für «humane Immundefizienz») schwächt das körpereigne Immunsystem, sodass im Regelfall früher oder später eine ganze Reihe gesundheitlicher Probleme auftritt, die man insgesamt als «Acquired Immune Deficiency Syndrome» (englisch für «erworbenes Immundefektsyndrom») bezeichnet. Mit HIV infiziert man sich durch direkten Kontakt zu Blut, Sperma, Vaginalsekret, Gehirn-Rückenmarks-Flüssigkeit und Muttermilch bereits infizierter Personen. Diese können durch winzig kleine Wunden in der eigenen Schleimhaut (Bindehaut, Mund-, Nasen-, Vaginal- und Analschleimhaut) und leicht verletzliche Stellen der Außenhaut (Eichel, Innenseite der Vorhaut) in den Körper eindringen. Die häufigsten Infektionswege sind der Vaginal- oder Analverkehr ohne Verwendung von Kondomen sowie Oralverkehr bei einem Jungen bzw. die gemeinsame Verwendung von Nadeln bei intravenösem Drogenkonsum (z.B. beim Spritzen von Heroin).

Was kannst du tun, um dich davor zu schützen? Mit jemandem, den du nicht kennst, keinen Sex ohne Kondom haben! Solltest du drogensüchtig sein, nie die Nadeln mit jemandem teilen! Nicht mit HIV infizieren kannst du dich durch Küssen (außer beide haben Schleimhautverletzungen im Mund), Umarmungen, Händeschütteln, gemeinsame Nutzung von Zahnbürste,

Besteck, Handtüchern, auf öffentlichen Toiletten oder im Schwimmbad.

Und wann macht man einen Aidstest? Wenn du den Verdacht hast, dich angesteckt haben zu können – dann ja. Jugendarzt, Frauenarzt oder eine Aidsberatungsstelle fragen.

Hinweis! Wenn ihr zusammen das erste Mal erlebt und euch vertraut, gibt es keinen Grund für einen Test, weil keiner von euch infiziert sein sollte. Wenn ihr längere Zeit zusammen seid und Sex ohne Kondom haben wollt, solltet ihr euch testen lassen (anonym und kostenlos bei den Gesundheitsämtern und anonym und kostenlos oder kostengünstig bei der Aidshilfe). Es gibt aber noch eine Reihe weiterer unangenehmer Geschlechtskrankheiten:

- Feigwarzen (Warzen an den Geschlechtsteilen),
- CIN-Virus (kann zu Gebärmutterhalskrebs führen),
- Hepatitis (in den Formen A, B, C und genitalis),
- Genitalherpes (juckende Bläschen wie der Lippenherpes, aber eben an den Geschlechtsteilen),
- Syphilis,
- Gonorrhö (auch «Tripper» genannt),
- Candidiasis (Pilzinfektion, betrifft vor allem Mädchen),
- Filzläuse,
- Krätze.

Achtung! Weil allgemein die Annahme herrscht, Geschlechtskrankheiten seien ausgerottet, schützen sich immer weniger Menschen vor ihnen – weswegen sie blöderweise gerade wieder öfter vorkommen.

Was schützt wirklich?

- Nicht ständig den Sexualpartner wechseln.
- Nicht mit jemandem ins Bett gehen, der bekannt dafür ist (oder gar damit angibt), ständig die Sexualpartner zu wechseln.
- Kondome verwenden. (Gegen manche sexuell übertragbare Krankheiten kann man sich auch impfen lassen. Falls du der Meinung sein solltest, eher zu den riskant handelnden Typen zu gehören, dann frag deinen Arzt danach – das ist viel besser und weit weniger peinlich, als sich hinterher behandeln lassen zu müssen.)

Außer Aids / HIV sind alle diese Krankheiten heilbar oder zumindest gut kontrollierbar (wobei die Hepatitis-Varianten schon sehr unangenehm werden können). Sobald du dir Sorgen machst, weil du merkst, dass du krank wirst (Übelkeit, Erbrechen, Fieber), aber auch, wenn sich etwas «so komisch» anfühlt, weil deine Lymphknoten anschwellen oder sich auf deiner Haut Wucherungen bilden, wenn dir im Schambereich oder um den Anus herum Warzen wachsen, die Haut sich schuppt oder wenn es ständig schrecklich juckt und sogar anfängt, komisch zu riechen, geh bitte zum Arzt (lieber früher als später). Das ist dir vielleicht unangenehm, aber für ihn gehört es – fast – zum täglichen Geschäft. Und er wird dir sicher gern helfen und dich nicht mit deinen Sorgen oder Schmerzen allein lassen!

Im besten Fall kannst du natürlich auch deine Eltern ansprechen, aber du darfst auch einfach allein zum Arzt gehen. Allerdings brauchst du dafür deine Krankenkassenkarte. Oder die Rechnung geht an deine Eltern, sofern du privat versichert bist. Alternativ kannst du auch bei den Ärzten von «Pro Familia» in allen größeren

Städten einen Termin vereinbaren, für Minderjährige bei Bedarf kostenlos und ohne Versicherungsnachweis: www.profamilia.de bzw. Telefon: 069/639002.

Zu Infektionen kommt es häufig, wenn «der Verstand aussetzt», man also etwas tut, was man vernünftigerweise lieber lassen sollte. Das kann an Alkohol oder Drogen liegen oder einfach am Gruppenzwang. Alles, was dir merkwürdig vorkommt, solltest du lieber nicht machen – und niemand soll und darf dich dazu überreden oder gar zwingen.

BESUCH BEIM JUGENDARZT UND GYNÄKOLOGEN

Bis du achtzehn bist, ist der Kinder- und Jugendarzt für dich zuständig. Jeder Kinderarzt ist als Kinder- und Jugendarzt ausgebildet, aber nicht jeder eignet sich als Ansprechpartner für Jugendliche. Viele sind vor allem auf (Klein-)Kinder mit Masern, Mumps und Magenschmerzen spezialisiert. Wenn du also keine Lust hast, zu demselben Arzt zu gehen, der dir schon mit drei in die Ohren geschaut hat, ist das völlig in Ordnung. Auf der anderen Seite kann es natürlich auch von Vorteil sein, dass man sich schon so lange kennt.

Seit Neuestem übernehmen die Krankenkassen die Kosten für die Jugendgesundheitschecks J1 (mit 13 Jahren) und meist auch für die J2 (zwischen 16 und 17 Jahren) – und du solltest da auch hingehen. Warum?

- Der Arzt überprüft, ob alle deine Impfungen aktuell sind. Gerade wenn man nicht mehr alles zusammen mit den Eltern macht, sollten die auf dem neuesten Stand sein.
- Außerdem wiegt und misst er dich – und seine Einschätzung, ob du über-, unter- oder normalgewichtig bist, ist wesentlich sinnvoller als mögliches Rumgenörgel deiner Kumpel oder Freundinnen!
- Der Arzt testet deinen Körper, denn auch wenn du dich gut fühlst, kann es durchaus Probleme geben, die man jetzt noch leicht beheben kann (z. B. Fehlstellungen der Hüfte), die aber später zu starken Schmerzen oder aufwendigen Therapien führen.
- Arzt oder Ärztin sprechen mit dir über Rauchen, Alkohol, Drogen und Sexualität. Dabei müssen deine Eltern draußen warten – falls du das wünschst. Alles, was du dem Arzt erzählst oder was du die Ärztin fragst, bleibt streng vertraulich! Das heißt, du kannst hier alles klären, was du wissen willst und was dich verunsichert.
- Arzt oder Ärztin wollen dich nicht erziehen oder ih-

ren Vorstellungen anpassen. Ihnen geht es einzig und allein um dich und deine Gesundheit.

- Es ist immer gut, außer Eltern und Lehrern eine neutrale Vertrauensperson zu haben – möglichst *bevor* man ein Problem hat oder Rat braucht (z. B. in Sachen Verhütung, Drogen, Schwangerschaft, Ernährung, anhaltende Gefühle von Trauer oder Einsamkeit und so weiter und so weiter). Wenn du dich also mit deinem Arzt oder deiner Ärztin nicht so besonders verstehst oder wenn die Praxis nur auf kleine Kinder spezialisiert ist, probier andere Ärzte aus, bis du zufrieden bist und dich gut aufgehoben fühlst. (Du musst – wie gesagt – deine Eltern nicht mitnehmen, du brauchst bloß deine Krankenkassenkarte.)

Mädchen sollten außerdem möglichst schon ein paar Monate nach dem Einsetzen der Regelblutung mal zum Frauenarzt gehen. Das ist zwar weder vorgeschrieben noch gesundheitlich notwendig, aber auch hier gilt:
- Lieber rechtzeitig überprüfen, dass alles okay ist.
- Und weil eben nicht jede mit jeder oder jedem klarkommt, hast du dann auch Gelegenheit, mehrere Frauenärzte kennenzulernen, bis du jemanden gefunden hast, den du magst und dem du vertraust (mehr über Gynäkologen, wie Frauenärzte auch genannt werden, im hinteren Teil des Buchs).

Wichtig! Zum Frauenarzt solltest du nicht erst gehen, wenn du ihn dringend brauchst, weil du Schmerzen, Beschwerden oder Fragen hast oder weil du ein Verhütungsmittel benötigst, sondern im besten Fall einige Zeit nachdem du zum ersten Mal deine Regel bekommen hast, zur Routineuntersuchung. Irgendwann im Alter zwischen zwölf und fünfzehn ist gescheit.

Du kannst einfach zu der Ärztin gehen, die auch deine Mutter behandelt – wie jeder Arzt unterliegt auch ein Frauenarzt der Schweigepflicht und darf nicht einfach mit deinen Eltern über dich reden. Trotzdem wollen viele junge Mädchen nicht einen Arzt mit der Mutter teilen. Du kannst Freundinnen nach Empfehlungen fragen oder einfach auf Verdacht Ärzte ausprobieren. Bist du in einer gesetzlichen Krankenkasse, so benötigst du dafür die Krankenkassenkarte. Noch vor 50 Jahren waren fast alle Frauenärzte Männer, heute ist das ganz anders – du hast die freie Wahl. Überleg dir also vorab, ob du lieber von einem Mann oder einer Frau untersucht werden möchtest – oder ob dir das egal ist.

Du kannst deinen Eltern Bescheid sagen, dass du zum Frauenarzt gehen willst, musst es aber nicht. Wenn du schon einen Freund hast, kannst du ihn gern mitnehmen, aber notwendig ist das nicht. Das Gleiche gilt für deine Eltern – du kannst jemanden mitbringen, musst es aber nicht.

Was macht der Frauenarzt dann? Er wird dir in einem Kennenlerngespräch darlegen, mit welchen Fragen du zu ihm kommen kannst oder solltest und welche Untersuchungen er durchführt und warum. Zugleich wird sich der Arzt bemühen, dich ein wenig kennenzulernen, um besser auf deine Fragen und gegebenenfalls Sorgen eingehen zu können. Mit allen Fragen rund um Sex, Regelblutung, Schwangerschaft und Verhütung bist du beim Frauenarzt richtig, obwohl du theoretisch auch zum Jugendarzt gehen könntest. Geht es um Haut (z. B. Pickel) oder Seele (z. B. Liebeskummer oder Traurigkeit), ist dann eher wieder der Jugendarzt zuständig.

Der Frauenarzt wird dich vermessen (Gewicht, Größe), deine Brust auf Knoten abtasten und deine Scheide untersuchen. Dazu setzt du dich auf einen Stuhl, ähnlich wie beim Zahnarzt, auf dem du dich weit nach hinten lehnen kannst. Die Beine legst du weit gespreizt auf zwei Stützen. Der Arzt oder die Ärztin führt dann ein Metallinstrument – das Spekulum – in deine Scheide ein, um sie ein wenig zu weiten. Die Untersuchung tut nicht weh, das Instrument lässt sich aber leichter einführen, wenn du möglichst entspannt bleibst, auch wenn es ein merkwürdiges Gefühl ist. Keine Angst, das Jungfernhäutchen wird dabei nicht verletzt oder eingerissen. Der Arzt führt dann eine Tastuntersuchung durch und nimmt eventuell einen «Abstrich» von der Schleimhaut im Inneren deiner Scheide. Dadurch können im Labor bestimmte Krankheiten festgestellt werden.

Und keine Sorge, wenn dich ein Mann untersucht – das ist sein Job, und kein Frauenarzt findet eine solche Situation erotisch, die machen diese Untersuchung täglich mehrmals bei völlig unterschiedlichen Frauen jeden Alters.

Der Arzt überprüft, ob körperlich alles so abläuft, wie es sein soll, und wird im Zweifelsfall genauere Untersuchungen vornehmen. Du kannst ihn auch immer fragen, wenn du das Gefühl hast, «irgendwas stimmt nicht» – zu kleine Brüste, zu große Brüste, noch kein Schamhaar, schon Schamhaar, aber noch keine Brüste, noch zu jung für Sex oder nicht, welche Verhütungsmethode ist die beste, Schamlippen-Piercing oder nicht ... keine Sorge, dieser Arzt hat sich (hoffentlich) auch für seinen Beruf entschieden, um jungen Mädchen in dieser verunsichernden Zeit mit Rat zur Seite zu stehen. Und: Du glaubst gar nicht, was Frauenärzte schon alles gesehen und gehört haben – da brauchst du dich nicht zu schämen, egal für was.

LIEBE UND SEX: EINE HAARIGE ANGELEGENHEIT!

Du siehst: Pubertät, Sex, Verliebtsein und Liebe sind eine haarige Angelegenheit, nicht nur für Werwölfe. Aber wie du am Beispiel aller Erwachsenen sehen kannst – egal, wie toll oder wie mies man sich gerade fühlt, irgendwie geht's immer weiter. Selbst wenn man gerade nicht aus noch ein weiß.

Du kannst viel ausprobieren und riskierst dabei vielleicht auch ein paar Enttäuschungen. Oder du kannst abwarten, bis alles vorüber ist und du dich besser oder selbstsicherer fühlst. Beides ist total in Ordnung.

Aber nicht vergessen: «Versuch macht klug» – und Werwölfe sind Rudeltiere, die gern in Gesellschaft leben. Wir wünschen dir viel Vergnügen und wenige Pickel!

Christine und Ralph

ANHANG

FRAGEN UND ANTWORTEN

Alles, was den Körper angeht:

Was ist das Jungfernhäutchen?

Das Jungfernhäutchen ist eine Hautfalte, die die Scheidenöffnung ganz oder teilweise umrandet. Fachleute nennen es auch den oder das Hymen. Das fällt bei jedem Mädchen anders aus: Größe, Form und Oberfläche unterscheiden sich. Es kann ganz geschlossen sein, nur eine kleine Öffnung haben oder aber mit mehreren Hautbändern die Scheidenöffnung teilweise verdecken – diese Formen sind aber eher selten. Meistens ist das Jungfernhäutchen halbmondförmig oder ringförmig. Manche Mädchen werden auch ganz ohne geboren. Das ist nicht schlimm, denn das Hymen hat keine besondere Funktion. Je nach Form kann es beim ersten Geschlechtsverkehr einreißen und manchmal auch ein bisschen bluten. Das tut nicht sehr weh und ist auch nicht bei allen Mädchen so. Viele erwachsene Frauen haben trotz Geschlechtsverkehr ein noch intaktes Hymen, weil es dehnbar ist. Das Jungfernhäutchen sagt also nicht sicher aus, ob man schon Sex hatte oder nicht – das ist ein weitverbreiteter Irrglaube.

Was passiert während der Periode?

Etwa zwei bis drei Jahre nach Beginn der Pubertät bekommen Mädchen ihre erste Periode. Der Menstruationszyklus wird von verschiedenen Hormonen gesteuert. Sie werden im Gehirn produziert und gelangen durch das Blut zu den Eierstöcken. Dort sind von Geburt an ungefähr eine Million unreife Eizellen vorhanden.

Die Hormone sorgen am Anfang eines Zyklus dafür, dass etwa 20 Eizellen mit der Reifung beginnen. Von diesen wächst normalerweise nur eine Eizelle vollständig heran. Die anderen bilden sich zurück. Die Eizelle ist von einem Bläschen umgeben, das man Follikel nennt. Darin bildet sich das Hormon Östrogen. Es sorgt dafür, dass die Gebärmutterschleimhaut dicker wird. So bereitet sich der Körper auf eine mögliche Schwangerschaft vor. Dann kommt es zum Eisprung: Die reife Eizelle verlässt den Eierstock und wird vom Eileiter aufgenommen. Der Follikel bleibt im Eierstock zurück und wird zum sogenannten Gelbkörper. Dieser bildet das Gelbkörperhormon Progesteron. Es signalisiert der Gebärmutterschleimhaut, dass sie sich nun auf die Einnistung einer befruchteten Eizelle vorbereiten soll: Sie wird mit mehr Nährstoffen ausgestattet. Die Eizelle kann nach dem Eisprung nur für kurze Zeit befruchtet werden, etwa 12 bis 18 Stunden.

Hat keine Befruchtung stattgefunden, löst die Eizelle sich einfach auf. Gibt es keine mehr, ist auch die gewachsene Schicht der Gebärmutterschleimhaut überflüssig. Sie löst sich ab, und dabei blutet es. Das Blut und die abgelöste Schleimhaut fließen dann durch die Scheide ab. Das ist die Menstruation.

Dass ein Zyklus 28 Tage dauert, ist nicht ganz richtig. Das ist nur ein Mittelwert. Bei den meisten Mädchen ist er kürzer, bei manchen länger. Als normal werden heute alle Zyklen bezeichnet, die eine Länge von 23 bis 35 Tagen aufweisen. Wann die fruchtbaren Tage sind, kann man also nicht allgemein beantworten. Bei einem sehr kurzen Zyklus ist es sogar möglich, während der Periode schwanger zu werden. Es ist bei jeder Frau unterschiedlich, wie lange es vom ersten Tag der Periode bis zum Eisprung ist. Nur vom Eisprung bis zur nächsten Periode dauert es meistens ungefähr 14 Tage (es sei denn, die

Eizelle wurde befruchtet, dann dauert es ungefähr neun Monate). Andere Bezeichnungen für die Periode:

- Tage,
- Blutung,
- Regel,
- der rote Baron ist gelandet,
- das rote Meer,
- Maler im Keller,
- Erdbeerwochen,
- Besuch aus Rotenburg,
- Tante Emma / Tante aus Amerika / die rosa Tante / der rote Indianer kommt zu Besuch,
- seine Emma haben,
- Ölwechsel,
- Teatime,
- Manu is playing home,
- die rote Armee zieht ein,
- Auslaufmodell,
- die Mens haben,
- auf der roten Welle surfen.

Was hilft gegen Regelschmerzen?

Bei manchen Mädchen und Frauen sind die «Tage» kein Problem, andere leiden sehr und haben Bauch-, Rücken- oder Kopfschmerzen. Entspannungsübungen können helfen, z.B. Yoga, Meditation oder autogenes Training (entsprechende Kurse gibt es beispielsweise an Volkshochschulen). Auch eine Hand-, Fuß- oder Rückenmassage tut gut. Sex oder Selbstbefriedigung kann ebenfalls zur Entspannung beitragen (mag aber nicht jede). Leichte Bewegung ist gut (schwimmen, spazieren gehen, tanzen), aber Leistungssport solltest du eher mal ein paar Tage auslassen. Eine Wärmflasche auf dem Bauch finden die meisten Mädchen angenehm, warme Wannenbäder hingegen verstärken die Menstruation noch. In Drogerien, Reformhäusern und Apotheken bekommst du zudem verschiedene Frauentees, die krampflösend und entspannend wirken.

Binden oder Tampons?

Musst du ausprobieren. Leider weiß man nie, wann die erste Monatsblutung einsetzt, sodass es dir passieren kann, dass du plötzlich mit einem Blutfleck in der Hose dastehst. Du solltest dann etwas Toilettenpapier falten und zwischen den Beinen in deine Unterhose schieben.

Manche Mädchen mögen Binden lieber, andere Tampons. Die lassen sich etwas leichter in die Hosentasche einstecken, sodass man sie immer dabeihaben kann. Den Tampon führst du ein, indem du (mit gewaschenen Händen, klar) deine Schamlippen ein wenig spreizt und ihn dann in deine Scheide schiebst, bis nur noch das Bändchen heraushängt. Du solltest ihn nicht mehr spüren. Wechseln musst du ihn erst nach etwa einem halben Tag, je nach Stärke der Blutung. Du kannst auch mischen, also z.B. Tampons für den Tag und Binden für die Nacht, oder kombinieren, also Tampons und Binden verwenden, wenn du eine sehr starke Regelblutung hast.

Was ist in den Hoden drin?

Die Hoden befinden sich mit den Nebenhoden unterhalb des Penis im Hodensack. Form und Größe des Hodensacks sind bei jedem Mann anders. Er kann hängen oder eng am Körper liegen, klein oder groß, faltig oder behaart sein. In ihm hängen normalerweise frei beweglich zwei Hoden mit Nebenhoden am Samenstrang – einer rechts und einer links. Meist hängt einer etwas tiefer, das ist ganz normal. Bei einem erwachsenen Mann sind die Hoden etwa pflaumengroß. Fachleute nennen sie auch Testes. In ihnen werden das männliche Hormon Testosteron und die Spermien gebildet.

Der Hoden ist von Bindegewebe umgeben. Diese Hülle ist durch Wände unterteilt. So bilden sich 200 bis 300 kleine pyramidenförmige Kammern – die Hodenläppchen. In ihnen befinden sich winzige Hodenkanälchen, die mehrfach gewunden und verknäult sind. Hier werden die Spermien gebildet. Zwischen den Hodenkanälchen gibt es weitere Zellen, die Leydig-Zwischenzellen. In ihnen wird – wie gesagt – das männliche Geschlechtshormon Testosteron produziert. Die Kanälchen verbinden sich an der hinteren Hodenwand zu größeren Kanälen, die in den Nebenhoden führen. Wie der Name schon sagt, liegt er sichelförmig neben dem Hoden. In seinem Inneren befindet sich ein sehr stark verknäulter Schlauch, in dem die produzierten Samenzellen gespeichert werden. Bei einer Ejakulation (einem Samenerguss) wird der Samen vom Nebenhoden über den Samenleiter in die Harnröhre und nach außen befördert.

Wofür ist die Vorhaut gut?

Die Spitze des Penis, die Eichel, ist in der Regel ganz oder teilweise von der Vorhaut bedeckt. Wie die Vorhaut aussieht, ist genetisch bedingt und bei allen Jungen unterschiedlich: Bei manchen ist sie kürzer und bedeckt nur einen Teil der Eichel. Bei anderen ist sie sehr lang und steht vorne etwas über. Diese Unterschiede sind völlig normal.

Die Vorhaut besteht aus zwei verschiedenen Hautschichten. Die äußere Vorhaut ist aus normaler Haut. Die innere Vorhaut ist eine Schleimhaut. Sie bildet ein Sekret, das die Eichel feucht und weich hält. Bei einer

Erektion wird der Penis größer, und die Vorhaut gleitet zurück. Dabei wird die Schleimhaut nach außen gewendet. Die Vorhaut ist sehr sensibel: In ihr befinden sich 20 000 Nervenenden – so viel wie an den Fingerspitzen oder an den Lippen. An der Unterseite des Penis verbindet das Vorhautbändchen die Eichel und die innere Vorhaut und verhindert, dass sich die Haut zu weit zurückzieht. Bei Kindern ist es normal, dass sich die Vorhaut noch nicht zurückziehen lässt. Die Schleimhaut ist am Anfang noch mit der Eichel verklebt, um sie zu schützen. In den ersten Lebensjahren gelangen dadurch weniger Krankheitserreger an die Eichel und zur Harnröhre. Spätestens in der Pubertät löst sich die Vorhaut aber und lässt sich normalerweise vollständig bis hinter die Eichel zurückziehen. Bei einigen Jungen wird die Vorhaut aus religiösen oder medizinischen Gründen entfernt. Das ist aber nicht schlimm, weil sich der Penis sehr schnell daran gewöhnt. Die Funktionen des Penis werden dadurch nicht beeinträchtigt.

Warum schwitzt man in der Pubertät plötzlich mehr? Und warum verändert sich der Körpergeruch?

Schwitzen ist ein ganz normaler und gesunder Vorgang, der dazu dient, die Körpertemperatur zu regulieren. Es gibt zwei verschiedene Arten von Schweißdrüsen: ekkrine und apokrine. Jeder Mensch hat zwei bis drei Millionen ekkrine Schweißdrüsen, die über den gesamten Körper verteilt sind. Frauen haben etwas weniger als Männer. Die ekkrinen Schweißdrüsen produzieren täglich ein bis zwei Liter Schweiß, der zu 99 Prozent aus Wasser besteht und salzhaltig ist. Die apokrinen entstehen erst in der Pubertät. Es gibt sie in den Achselhöhlen, um die Brustwarzen herum, um den Bauchnabel, in der

Genitalregion und im Gehörgang. Sie werden durch das männliche Geschlechtshormon Testosteron angeregt, das auch bei Mädchen in geringen Mengen vorkommt. Die apokrinen Schweißdrüsen befinden sich am Haarfollikel und sondern ein fetthaltiges, trübes Sekret ab, das zunächst geruchlos ist. Auf der Hautoberfläche leben Millionen Bakterien. Sie zersetzen die Fettsäuren im Drüsensekret, und es entsteht unter anderem Buttersäure. Erst dadurch bildet sich der Schweißgeruch aus. Andere Geruchsstoffe im Schweiß sind Abbauprodukte des Testosterons. In der Pubertät tragen sie stark zum typischen Schweißgeruch bei. Durch die hormonelle Umstellung kann es auch passieren, dass man plötzlich sehr viel schwitzt. Das ist in der Regel nur vorübergehend und wird auch wieder weniger.

Was hilft gegen starke Schwitzanfälle?

Wieder mal sind die Hormone schuld, dass man in der Pubertät zeitweise schwitzt wie ein Werwolf, auch ohne körperlich aktiv zu sein. Du kannst ein Antitranspirant ausprobieren (statt eines Deos) oder den Arzt um rezeptpflichtige Salben oder Sprays bitten (zahlt meist die Krankenkasse). Vor einem Referat oder wenn du z. B. mit dem Rad zu deiner Freundin fährst, steck dir ein frisches Ersatzhemd / T-Shirt ein, damit du dich umziehen kannst.

Warum wachsen plötzlich Haare an bestimmten Körperstellen?

Eigentlich ist unser ganzer Körper von Geburt an mit feinen, weichen Härchen übersät. Dieses Haar nennt man Flaum- oder auch Vellushaar. Aber das bleibt nicht so fein und weich, zumindest nicht überall. Oh nein! Irgendwann ist es so weit: An bestimmten Körperstellen wachsen plötzlich dunkle Haare. Aber mit einem Werwolf hat das nichts zu tun, eher mit Hormonen. Auslöser für dieses Haarwachstum sind bestimmte männliche Sexualhormone, die Androgene, zu denen auch das Testosteron gehört. Sie werden in der Nebennierenrinde und den Geschlechtsorganen, also in den Hoden beim Mann und in den Eierstöcken bei der Frau, produziert und ausgeschüttet.

Über das Blut gelangen sie zu den Haarwurzeln. Die Hormone bewirken, dass sich das Haar komplett verändert. Es wird stärker, manchmal lockig und auch dunkler. Fachleute nennen dieses Haar nun Terminalhaar. Wann genau die Veränderung beginnt, ist bei jedem anders. Sie wird von den Genen vorbestimmt und von Hormonen und auch unserer Ernährung beeinflusst. Auch die Reihenfolge des Haarwachstums ist bei jedem verschieden: Bei Jungen nimmt die komplette Körperbehaarung an Armen und Beinen zu, der Bart beginnt zu sprießen, es wachsen Haare in der Achselhöhle, Brust- und Schambehaarung entwickeln sich. Bei Mädchen verändert sich auch die Körperbehaarung, oft an den Unterarmen und Beinen, und die Haare in den Achselhöhlen und im Schambereich wachsen. Männer haben meist eine stärkere Körperbehaarung als Frauen. Die Körperhaare signalisieren, dass man erwachsen und geschlechtsreif wird. Aber mit einem Werwolf hat das alles wirklich nichts zu tun.

Was kann man rasieren?
Was sollte man rasieren?

Barthaar: Ja. Fusselbärtchen sind albern, und nur die wenigsten Jungen haben schon genug Bartwuchs für einen richtigen Schnauzer oder Bart.

Achselhaare: Mädchen wollen sie häufig rasieren, Jungen eher nicht. Viele Jungs und Männer finden glatte Achselhöhlen aber auch schöner anzusehen. Im südeuropäischen und angloamerikanischen Raum ist das Rasieren dieser Stellen üblich.

Beinhaare: Mädchen – auf Wunsch. Jungen – nein. In Südeuropa und Amerika ist es ein Muss, dass Mädchen und Frauen sich die Beine rasieren.

Schamhaare: nach Wunsch. Zwei Drittel aller Mädchen und über ein Drittel der Jungen experimentieren mit Schamhaarfrisuren. Sex fühle sich sehr intim und erregend an, so meinen sie, wenn beide rasiert sind. (Sex fühlt sich aber auch ohne jede Rasur gut an.) Üblich ist, das Schamhaar zumindest so zu stutzen, dass es nicht seitlich aus dem Badeanzug herausquillt (das gilt für Mädchen wie Jungen). Alles andere könnt ihr machen, wie ihr lustig seid. Manchmal kann es vorkommen, dass sich Schamhaare nach einer kompletten Rasur in der Haut verwachsen. Dann entstehen im schlimmsten Fall kleine Entzündungen und Pickelchen, die aber nach einiger Zeit wieder verschwinden. Tipp: Wenn man mindestens einmal wöchentlich ein Peeling benutzt, kann dies rechtzeitig verhindert werden, da die Haut von abgestorbenen Hautschüppchen gereinigt wird, aber bitte – gerade im Schambereich – beim Kauf darauf achten, dass es sich um ein pH-freundliches Produkt handelt.

Brust und Rücken: Das betrifft in der Regel die Jungen. Wahrscheinlich ist erst mal nichts nötig, also später vielleicht mal.

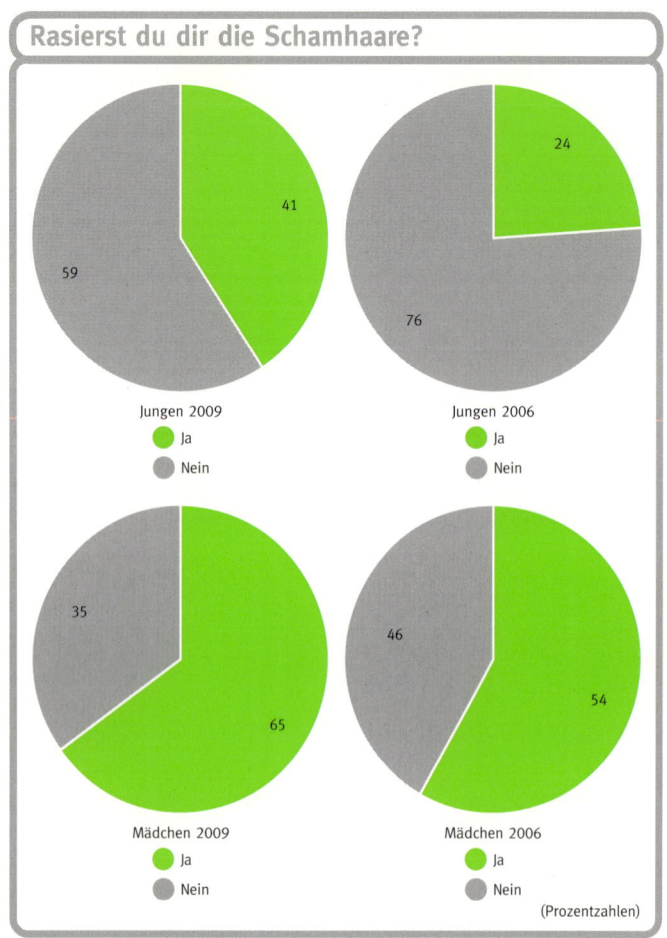

Rasierst du dir die Schamhaare?

Jungen 2009
- 41 — Ja
- 59 — Nein

Jungen 2006
- 24 — Ja
- 76 — Nein

Mädchen 2009
- 65 — Ja
- 35 — Nein

Mädchen 2006
- 54 — Ja
- 46 — Nein

(Prozentzahlen)

(vgl. Dr. Sommer, Studie 2009)

Bart: nass oder trocken, egal. Beim Nassrasieren verletzt man mit der Klinge leichter Pickel – wenn du also viele hast, rasier dich lieber trocken mit einem Rasierapparat. Wie das geht? Mit dem Rasierapparat einmal «mit dem Strich» (in Haarwuchsrichtung), dann einmal «gegen den Strich» über die Haut fahren. *Zur Nassrasur:* Haut anfeuchten, Rasierschaum auftragen, mit dem Strich rasieren, Schaumreste abwaschen, neuen Schaum auftragen, gegen den Strich rasieren, Schaumreste abwaschen. Danach Hautcreme oder Aftershave auftragen. Lass dir am besten von deinem Vater zeigen, wie der sich rasiert – die meisten Väter finden das richtig toll!

Achselhaare: Es gibt Trockenrasierer dafür, aber ein einfacher Nassrasierer unter der Dusche tut's auch. Rasierschaum ist nur bei sehr empfindlicher Haut nötig. (Kauf bitte keine Einmalrasierer, sie sind sehr umweltschädlich und auf die Dauer auch teurer. Die mit austauschbaren Klingen sind zudem auch besser.)

Beine: Siehe Achselhaare. Man kann auch Enthaarungscremes, Epilierer oder Wachsstreifen nehmen, aber Nassrasieren unter der Dusche hat sich bewährt und ist schmerzfreier.

Schamhaare: Entweder ebenfalls mit dem Nassrasierer (siehe Achsel- und Beinhaare) oder auch mit dem Rasierapparat. Ist auch für Jungs mit etwas handwerklichem Geschick kein Problem. Oder zum Waxing gehen – ist aber nicht ganz billig und relativ schmerzhaft. Je öfter man es macht, desto weniger kräftige Haare wachsen mit der Zeit nach, und es tut somit auch immer weniger weh.

Etwa vier Wochen. Nach einigen Tagen jucken die neuen Haare meistens, das vergeht nach ungefähr eineinhalb bis zwei Wochen. Manchmal können sich Haare stark krümmen und sozusagen «zurück in die Haut hinein» wachsen, dann kann es zu kleinen pickelartigen Entzündungen kommen. Haar mit einer Pinzette herauszupfen, Eiter abtupfen, mit Pickelcreme oder Alkohol abtupfen, fertig.

In der Pubertät bekommt sie fast jeder: Pickel. Ihre Entstehung hat etwas mit besonders aktiven Talgdrüsen zu tun, die mit kleinen Härchen zusammenhängen. Besonders im Gesicht, auf den Schultern und am Oberkörper. Die Haarwurzel liegt im Haarfollikel. In ihn mündet eine Talgdrüse. Dort wird ein fetthaltiges Sekret gebildet, das an die Oberfläche geleitet wird. Der Talg hält das Haar und die Haut geschmeidig und schützt vor Krankheitserregern. Wie viel Talg produziert wird, hängt von verschiedenen Faktoren ab, vor allem von der Veranlagung und von Hormonen. In der Pubertät werden viele Hormone produziert. Dadurch wird die Talgproduktion angeregt, und die Haut wird fettiger und glänzender. Auf dem Weg nach oben nimmt der Talg abgestorbene Hautzellen mit und befördert sie nach draußen. Dabei kann es passieren, dass sich Zellen verklumpen und einen Pfropfen bilden, der die Pore verstopft. Der Talg kann nicht mehr abfließen, und ein Mitesser entsteht. Einige Bakterien fühlen sich in dem angestauten Talg besonders wohl. Sie vermehren sich und produzieren Stoffe, die zu einer Entzündung führen können.

Aus dem Mitesser kann so ein Pickel werden. Die

Haut rötet sich, und es bildet sich ein Eiterbläschen. Es wird nicht empfohlen, Pickel auszudrücken. Dabei kann es nämlich passieren, dass der Talg und die Bakterien in tiefere Hautschichten gepresst werden. Ergebnis: Die Entzündung wird noch größer, und im schlimmsten Fall bleiben Narben zurück. Im Zweifel sollte man besser einen Hautarzt aufsuchen. Meistens geht ein Pickel nach ein paar Tagen aber von allein wieder weg. Pickel haben also nichts mit mangelnder Körperpflege zu tun, sondern sind in erster Linie auf die hormonelle Umstellung des Körpers zurückzuführen.

Wie entsteht ein Knutschfleck?

Knutschflecken sind meistens am Hals zu finden. Das hat zwar auch damit zu tun, dass sich der Hals angenehm und gut küssen lässt. Aber der eigentliche Grund für sein Entstehen liegt etwas tiefer, nämlich *unter* der Haut – im Unterhautgewebe: Hier befinden sich winzig kleine Röhrchen, durch die Blut fließt: die Blutkapillaren. Sie sind so klein, dass man sie mit bloßem Auge nicht sehen kann. Die Innenwände dieser Röhrchen sind mit Zellen bedeckt, zwischen denen aber jede Menge Lücken sind. Durch die können aus den Kapillaren Flüssigkeiten und Nährstoffe in das umliegende Gewebe fließen. Saugt jemand am Hals einer Person, entsteht ein Unterdruck an der Haut und dem Gewebe darunter. Dadurch wird Blut aus den Kapillaren durch die Zwischenräume der Zellen herausgesaugt. Kleinere Kapillaren können sogar platzen. Das Blut sammelt sich dann im Gewebe unter der Haut. Am Hals ist dieses Gewebe sehr weich, deshalb kann sich das Blut hier besonders leicht verteilen. Ein Knutschfleck ist also nichts anderes als ein durch Saugen entstandener Bluterguss. Also ein blauer Fleck. Obwohl, erst mal ist er ja knallrot … aber nicht lange. Nach kurzer Zeit verliert das Blut seinen Sauerstoff und wird dunkler, dann rücken verschiedene Enzyme an, die das Blut im Gewebe abbauen. Dabei wird der Fleck erst blaugrün, nach einigen Tagen gelblich braun, bis er meist nach etwa zwei Wochen ganz verschwunden ist.

Alles, was die Beziehung angeht:

Wie fühlt sich Liebe an?
Woran merke ich, dass ich verliebt bin?

- Es kribbelt in deinem Bauch, wenn du deinen Schwarm siehst oder an sie denkst. Man nennt das «Schmetterlinge im Bauch».
- Du kannst fast nur noch an ihn denken und verfällst in Tagträumereien.
- Wenn du sie siehst oder wenn du an ihn denkst, musst du lächeln.
- Du denkst beim Einschlafen an ihn.
- Du hast (heimlich) ein Foto von ihr auf deinem Handy, vielleicht sogar als Hintergrundbild.
- Andere Jungen oder Mädchen findest du ganz nett, aber irgendwie total uninteressant.
- Du bemerkst plötzlich ganz viele verliebte Paare.
- Du weißt gar nicht, was du sagen sollst, wenn sie vor dir steht.
- Du achtest immer darauf, wie du aussiehst – denn es könnte ja sein, dass ihr euch trefft. Du duschst dich sogar freiwillig.
- Du startest merkwürdige Aktionen, um ihn sehen zu können oder auf dich aufmerksam zu machen.
- Bei Liebesfilmen stellst du dir vor, du würdest sie küssen.

Wie oft darf man jemanden anrufen, um ihm zu zeigen, dass man ihn mag?

Ein guter Rhythmus ist: an einem Tag telefonieren, am nächsten nur eine SMS schicken. Nach spätestens sechs Tagen Bilanz ziehen: Ist sie nicht darauf eingestiegen und hat freundlich geantwortet bzw. dich auch mal angerufen, dann mach zwei Tage Pause und versuch es mit einem Anruf-SMS-Pause-Anruf-SMS-Pause-Takt noch mal.

Wie sagt man jemandem, dass man mit ihm zusammen sein will?

Wenn man jemanden sehr mag und gerne mit ihm zusammen wäre, ist man aufgeregt, sobald man ihm oder ihr begegnet. Am liebsten würde man es der ganzen Welt erzählen! Nur: Wie sagt man es dem anderen? Hier ein paar Regeln für die Kontaktaufnahme: Auf keinen Fall sollte man einen Freund oder eine Freundin vorschicken, nur weil man sich nicht traut. Derjenige findet vielleicht nicht die richtigen Worte, und ganz ehrlich: Es geht ja schließlich um einen selber, und so was sollte man schon selbst in die Hand nehmen.

Wichtig ist auch, solche Dinge nicht vor anderen Leuten zu besprechen. Es ist besser, wenn man sich einen ruhigen Moment sucht, in dem man ungestört ist. Manche schreiben einen Zettel mit dem Text: «Willst du mit mir gehen? Kreuze an: Ja / nein / vielleicht.» Man kann jemandem auch eine SMS schreiben, eine E-Mail, einen Brief schicken oder ihn oder sie anrufen. Das Problem ist nur: Wenn man die Frage stellt «Willst du mit mir zusammen sein?», könnte sich der andere überrumpelt fühlen, weil er sich schnell entscheiden muss. Außerdem muss er erst einmal selbst herausfinden, was er eigentlich möchte. Deswegen sollte man diese Frage nicht aus heiterem Himmel stellen, sondern sich erst mal besser kennenlernen. Man könnte in Erfahrung bringen, was den anderen interessiert oder was seine Hobbys sind, und mit ihm darüber sprechen. Die meisten Menschen freuen sich, wenn man mit ihnen über Dinge redet, die sie gern mögen.

Wenn man die Nähe des anderen sucht und ihn oft anlächelt, kann man vielleicht auch schon an der Reaktion erkennen, ob er einen auch mag. Dann könnte man sich mit ihm mal verabreden und zum Beispiel ein Eis essen gehen. Oft entwickeln sich Gefühle, wenn man sich näher kennenlernt, und man muss die Frage gar nicht mehr stellen. Irgendwann ist dann klar: Wir sind zusammen! Und wenn man sich schon nähergekommen ist, ist es auch einfacher, über Gefühle zu sprechen. Manche Menschen wollen aber gar nicht so genau darüber reden, sondern zeigen ihre Gefühle einfach durch eine Geste, indem sie dem anderen zum Beispiel etwas schenken. Und zum Schluss noch der beste Tipp: Traue keinen Tipps! Denn bei Gefühlsangelegenheiten gibt es keine Patentlösung. Was dem einen gefällt, kann der andere total blöd finden. Es geht nur darum, wie gut man sich mit dem anderen versteht und ob sich bei beiden Gefühle entwickeln. Am besten, man verstellt sich nicht und ist ehrlich, dann hat der andere auch die Chance, einen richtig kennenzulernen. Und vielleicht gibt es dann ein Happy End!

Ich bin verliebt in meine Cousine / meinen Bruder / meine Adoptivschwester. Was ist erlaubt?

Wenn zwei Menschen, die nahe blutsverwandt sind – wie zum Beispiel Bruder und Schwester –, Kinder bekommen, wird das Inzucht genannt. Dabei können Erbkrankheiten vermehrt auftreten. Sex und Ehe sind darum verboten zwischen Eltern und Kindern, Großeltern und Enkelkindern sowie zwischen Geschwistern (auch zwischen Adoptiv- und Halbgeschwistern). Jede entferntere Verwandtschaft – also Vetter und Cousine oder Onkel und Nichte – ist weder biologisch noch rechtlich ein Problem.

Mögen Mädchen es eigentlich, angemacht zu werden?

Nur vom Richtigen. Sonst eher nicht. Viele Mädchen finden die meisten Anmachen ziemlich blöd – aber wenn man vorher wüsste, wer wen mag und wer wen blöd findet, wäre das alles ja sowieso viel einfacher. Also: Versuch's einfach, aber sei so wenig bescheuert wie möglich.

Was ist so toll an «bad boys»?

Regelbrecher und Großmäuler sind oft die Leitwölfe der Clique – und somit als «Häuptlinge» instinktiv besonders anziehend für Mädchen und Frauen. Plus: Wenn ein «harter Kerl» bei ihr ganz zart wird, schafft das besondere Intimität.

Was unternehmen beim ersten Date?

Am besten macht man etwas, das beiden Spaß macht. Filme sehen, Musik hören oder sich unterhalten sind schon mal gute Startpunkte.

Wie küsst man richtig?

Die Lippen sollten beim Küssen weich sein. Sind sie rau und eingerissen, helfen Lippenpflegestifte und eine vitaminreiche Ernährung. Unbedingt zu verhindern ist: Mundgeruch. Davor schützen: Zähne putzen, Kaugummi kauen, Pfefferminzbonbons lutschen und bestimmte Lebensmittel meiden wie Zwiebeln, Knoblauch und Kaffee. Beim Küssen sollte man den Kopf ein wenig zur Seite neigen. Aber Vorsicht: nicht beide in dieselbe Richtung, sonst ist die Nase im Weg, oder man stößt sich den Kopf. Aufpassen sollte man auch, wenn beide eine Brille tragen. Die könnten beim Knutschen zusammenstoßen, und es wäre hilfreich, wenn zumindest einer sie vorher abnimmt. Wenn alle Hindernisse überwunden sind, berühren sich die Lippen, und der Mund wird leicht geöffnet. Die meisten Menschen schließen beim Küssen die Augen, dann ist man nicht abgelenkt und kann den Kuss genießen – egal, was um einen herum passiert. Wer möchte, kann die Zunge in den Mund des anderen gleiten lassen und die andere Zunge berühren und umkreisen. Dabei sollte man gefühlvoll vorgehen und dem anderen nicht die komplette Zunge in den Mund stecken.

Nicht vergessen: weiteratmen und hin und wieder schlucken – denn ein zu feuchter Kuss ist nicht besonders schön. Manche haben Angst vorm Küssen, wenn sie eine feste Zahnspange haben. Wenn man nicht allzu stürmisch vorgeht, kann dabei aber nichts passieren. Und die Geschichten von verhakten Zahnspangen sind eher Legenden.

Wie verhält man sich, wenn man das erste Mal auf die Eltern der Freundin trifft?

Wer frisch verliebt ist, wird trotz Schmetterlingen im Bauch und rosaroter Brille um eines nicht herumkommen: das erste Treffen mit den Eltern! Damit das erste nicht gleich das letzte Treffen wird, hier ein paar Tipps: Das Kennenlernen spontan zu gestalten ist z. B. keine gute Idee. Lieber den Besuch rechtzeitig ankündigen und pünktlich sein. Absolut verboten ist es, sich vor dem Treffen Mut anzutrinken. Das kann nur nach hinten losgehen. Das Gleiche gilt auch für Kleidung, äh, bzw. für Verkleidungen jeder Art. Eine ganz schlechte Idee! Die Eltern der Freundin sollten einen schließlich so kennen- und schätzen lernen, wie man wirklich ist. Es ist also völlig okay, in Jeans und T-Shirt anzutreten. Auch Piercings sind erlaubt. Na ja, einige zumindest. Noch ein kleiner Tipp für «Aufregungsschwitzer»: Dunkle Oberteile kaschieren Schweißflecken. Sollte das Schwitzproblem eher im Handbereich angelagert sein, hilft es zumindest kurzfristig, sich die Hände mit sehr kaltem Wasser zu waschen. So kann man ganz trocken und entspannt gute Manieren beweisen.

Da sind wir auch schon beim nächsten Thema: Manieren. Dazu gibt es einiges zu sagen, beispielsweise bei der Begrüßung: Ein kumpelhaftes «Hey, Werner, Renate, schön, euch kennenzulernen!» kommt meist nicht so gut an. Besser die Eltern erst mal siezen und warten, bis sie einem das Du anbieten. Eltern möchten sehen, dass man es mit ihrer Tochter ernst meint und ehrliche Gefühle im Spiel sind. Es ist also gut, seine Zuneigung zu zeigen. Aber bitte in Grenzen: Händchenhalten ist in Ordnung, wilde Zungenküsse und Potätscheln sollte man sich verkneifen.

Nächste Stolperfalle – das Thema Essen. Der Vater

hat zur Feier des Tages ein paar frische Mettbrötchen geschmiert. Mettbrötchen?! Mit Zwiebeln?! Was nun? Wenn man etwas gar nicht mag, ganz einfach nett und höflich ablehnen. Das ist total in Ordnung! Das Wichtigste bei einem Kennenlernen ist, sich ganz natürlich zu verhalten und sich nicht zu verstellen. Und sollte es trotz allem nicht so gut laufen, keine Panik. Auch Eltern müssen sich oft erst mal auf einen neuen oder vielleicht sogar den ersten Freund ihrer Tochter einstellen. So oder so kann es sehr hilfreich sein, das erste Treffen von vornherein kurz zu halten.

Jemand ist in mich verliebt, aber ich erwidere die Gefühle nicht – was tun?

Sag es, ohne drumherumzureden. Verliebte brauchen eine klare Ansage, sonst machen sie sich ewig Hoffnungen. Sag zum Beispiel: «Du schreibst mir SMS und machst mir kleine Geschenke. Aber ich möchte das nicht. Bitte lass es! Du bist nett, aber mehr empfinde ich nicht für dich.»

Du darfst sie aber nicht vor deinen Freunden oder ihren Freundinnen bloßstellen – das ist gemein, und du würdest es umgekehrt auch nicht wollen.

Ich bin immer nur der gute Kumpel – wie kann ich das ändern?

Unternimm etwas. Dabei kannst du neue Leute kennenlernen, die vielleicht sogar in Flirtlaune sind. Sie kennen dich noch nicht und sehen dich daher mit ganz anderen Augen als deine bisherigen Kumpelfreunde.

262

Mein Freund mag meine Freunde nicht. Was tun?

Wahrscheinlich ist er eifersüchtig. Dann solltet ihr darüber reden, was ihm ein Gefühl von mehr Sicherheit gibt.

Wenn er deine Freunde tatsächlich nicht leiden kann, ist das eben so. Es können und müssen sich nicht alle bestens verstehen. Er sollte dir nur nicht vorschreiben, dass du dich nur noch mit ihm treffen darfst. Solange du entscheidest, was du wann mit wem unternimmst, ist alles in Butter.

Ab wann ist man untreu? Darf man auch mal fremdflirten?

Wenn du wirklich aktiv jemand anderen anbaggerst, ist das ein schlechtes Zeichen für die aktuelle Beziehung. Du solltest dann überlegen, ob du eigentlich noch mit ihm zusammen sein willst.

Ein Lächeln und ein paar nette Worte sind aber natürlich nicht nur in Ordnung, sondern sogar gut für dich und dein Ego – und damit auch deine Beziehung! Die meisten Menschen finden, Untreue beginne beim Küssen.

Darf ich ihn jemandem ausspannen?

Keiner kann dich daran hindern. Aber wer für dich eine andere verlässt, wird dich vielleicht auch irgendwann sitzenlassen.

Wie macht man am besten Schluss?

Leider kommt es vor, dass auch die größte, innigste Liebe abkühlt und einem der Beteiligten klarwird: Ich muss die Beziehung beenden, mich trennen, Schluss machen! Nur wie?! Da wäre z. B. die Vogelstraußtaktik, sprich: Kopf in den Sand! Also Anrufe ignorieren, sich verstecken und so lange nicht mehr melden, bis der Partner einen vergessen hat. Das ist allerdings ziemlich feige und langwierig. Etwas schneller geht es, wenn man sich so schlecht benimmt, dass der andere es nicht mehr mit einem aushält und selbst Schluss macht. Aber auch das ist nicht die feine Art. Genauso wenig wie eine Freundin vorschicken, die Schulwand besprühen oder eine SMS schreiben. Selbst ein poetisch formulierter Spruch wie: «Rote Rosen, ein letzter Kuss – alles Gute, ich mach Schluss», macht es nicht besser.

Mit einem ausführlichen Brief Schluss zu machen, ist okay, wenn man darin offen und ehrlich seine Gefühle schildert. Man sollte gut nachdenken und klare Gründe nennen, warum man die Beziehung beenden möchte. Die Fehler dabei bitte nicht nur beim Partner suchen, sondern überlegen, ob man selbst nicht auch seinen Teil dazu beigetragen hat.

Noch ehrlicher ist allerdings ein Gespräch. Eine Unterredung unter vier Augen, wohlgemerkt, nicht unter zwölf. Eine Party oder ein Treffen mit der Clique eignen sich definitiv nicht zum Schlussmachen! Lieber an einem neutralen Ort zusammensetzen, wo man in Ruhe reden kann und nichts an vergangene romantische Momente erinnert. Auch hier heißt es: ehrlich, aber nicht verletzend sein. Wutausbrüche, Tränen und Vorwürfe muss man in so einer Situation allerdings akzeptieren und aushalten. Aber Achtung! Auf gar keinen Fall sollte man sich davon um den Finger wickeln lassen und aus

Mitleid einen Neustart versuchen. Das führt selten zu einem Happy End.

Ist eine Trennung erfolgreich vollzogen, gibt es nur noch eine Todsünde. Den Spruch: «Wir können ja Freunde bleiben ...» Aua! Der ist mehr als abgedroschen und bestimmt nicht das, was der Expartner hören will. Nach der Trennung ist es das Beste und Fairste, geliehene Sachen direkt zurückzugeben und sich dann erst mal eine Weile aus dem Weg zu gehen, bis sich die Wogen geglättet haben.

Alles, was Sex angeht:

Wie viel Sex hat man eigentlich im Laufe des Lebens?

Frank Sommer vom Lehrstuhl für Männergesundheit an der Uni Hamburg ermittelte: 6745-mal im Leben (durchschnittlich). Dabei stößt ein Mann insgesamt 53 Liter Samenflüssigkeit aus. In einem Männerleben kommt man auf immerhin 301 125 Erektionen und der Höhepunkt: bis zu zehn Stunden Orgasmusfreude insgesamt!

Wozu ist der Orgasmus eigentlich gut?

Biologisch gesehen: Wäre Sex nicht mit Glücksgefühlen verbunden, würden Tiere sich nicht paaren, sondern aussterben. Und warum haben Frauen nicht so leicht, aber dafür länger einen Orgasmus? Damit sie erstens dableiben, bis der Mann fertig ist (und seinen Samen hinterlassen hat), und zweitens nach dem Sex nicht gleich aufspringen, wobei der Großteil des Samens wieder aus der Scheide liefe, sondern liegen bleiben.

Licht an oder Licht aus beim Sex?

Beides kann schön sein. Am beliebtesten ist der Mittelweg – eine schummrige Beleuchtung, bei der man die Reaktionen des anderen mitkriegt, sich aber (eingebildeter) körperlicher Schwachstellen nicht schämen muss.

Ohne Verhütung miteinander schlafen? Einmal ist keinmal, oder?

Nein! Auch schon beim ersten Sex (und überhaupt bei jedem Geschlechtsverkehr ohne Verhütungsmittel) kann das Mädchen schwanger werden. (Und obwohl der Junge das Baby nicht selbst im Bauch hat, trägt er die Konsequenzen doch ebenfalls ein Leben lang mit.)

Ist Sex am Strand oder im Wasser / Schwimmbad / in der Badewanne romantisch?

Kommt drauf an. Am Strand ist es sandig, und Sand scheuert bekanntlich. Wenn ihr eine Decke mitnehmt, geht es. Besser – auch weil man nicht so leicht erwischt wird – sind Getreidefelder oder Wäldchen. Sex unter Wasser ist nicht so leicht, weil das Wasser die natürliche Feuchtigkeit der Scheide wegwäscht. Außerdem ist Verhütung mit Kondom unrealistisch. Deshalb: Kann man machen, muss man aber nicht.

Kann man vom gemeinsamen Baden schwanger werden?

Nein! (Es sei denn, der Junge masturbiert ins Badewasser, dann ist es zwar unwahrscheinlich, aber wäre theoretisch möglich.)

Kann man während der Periode miteinander schlafen?

Ja, das ist kein Problem. Es ist ja nicht so, als würde dir literweise Blut aus dem Unterleib schießen, sondern es handelt sich um ungefähr eine halbe Tasse Blut über die Tage verteilt. Trotzdem solltet ihr besser ein Handtuch unterlegen, um die Bettwäsche nicht vollzuschmieren.

Reicht Spucke als Gleitmittel?

Nein! Spucke ist als Gleitmittel generell ungeeignet. Öl und Gummi vertragen sich auch nicht; deshalb mit Kondomen (egal, ob anal oder vaginal eingesetzt) immer nur Gleitmittel auf Wasserbasis verwenden. Niemals Öl, Hautcreme, Butter oder Vaseline nehmen.

HIV/Aids kriegen doch nur Schwule bzw. kriegt man nur vom Analverkehr, oder?

Nein! Das HI-Virus (Auslöser für Aids) ist über Blut oder Samenflüssigkeit übertragbar, auch beim Oral- oder Vaginalverkehr. Deshalb: Im Zweifelsfalle nur mit Kondom, denn Aids kann man niemandem ansehen. Küssen, streicheln und aus einem gemeinsamen Glas trinken sind übrigens nicht ansteckend.

Kein Sex vor einem Sportwettkampf?

Viele Profis sind der Meinung, Sex mache schlapp. Doch eine Studie der Universität Oxford ergab: Marathonteilnehmer, die am Abend zuvor sexuell aktiv gewesen waren, liefen fünf Minuten eher ins Ziel. Und olympische Sprinterinnen, die in der Nacht vor dem Wettkampf einen Orgasmus hatten, schnitten ebenfalls besser ab.

So dies und das:

Wo fängt Privatsphäre an, wo hört sie auf?

Im deutschen Recht regeln die Paragraphen 1626 und 1627 BGB die Grundsätze der elterlichen Fürsorge. Die Eltern sind demnach verpflichtet, dafür zu sorgen, dass ihre Kinder nichts Verbotenes tun. Dazu gehört z. B., unter 14 Jahren Sexualität mit der Freundin zu haben oder unter 18 Jahren in der Öffentlichkeit zu rauchen und hochprozentigen Alkohol zu trinken – andere Alkoholika wie Bier oder Wein sind ab dem 16. Geburtstag erlaubt.

Nach dem vierzehnten Geburtstag ändert sich die Situation: Im juristischen Sinne werden aus Kindern Jugendliche. Strafrechtlich geht man davon aus, dass diese eigenverantwortlich handeln können. Ein Fünfzehnjähriger darf mit seiner Freundin, die älter als 14 und jünger als 16 Jahre alt ist, nicht nur Zungenküsse austauschen.

Wichtig ist: Die elterliche Fürsorge darf nur zum Wohle des Kindes ausgeübt werden und muss das wachsende Bedürfnis des Kindes zu selbständigem – und somit unbeaufsichtigtem – Handeln berücksichtigen. Ein willkürlicher Eingriff in die Rechte des Kindes ist demnach nicht zulässig.

Die meistens erfolgreiche Strategie ist Aufklärung und Transparenz: Du solltest an das Vertrauen deiner Eltern appellieren und ihnen ein Mitspracherecht geben. Du solltest konkret mit deinen Eltern besprechen, was du nicht machen darfst. Wenn du das ehrlich tun kannst, solltest du ihnen dein Wort geben, dass du dich daran hältst. Auf Basis dieser Verabredung kannst du dann deine Privatsphäre einfordern. Du solltest verhandeln!

Mit der Familie Geburtstag zu feiern, ist zwar ganz okay, aber irgendwann ist es einfach Zeit für eine richtige Party! Nur: Wie organisiert man die? Das Wichtigste sind natürlich: die Partygäste! Damit es kein einsamer Abend wird, sollte man die Freunde frühzeitig einladen, so ungefähr drei Wochen vorher. Aber bitte nicht gleich die ganze Schule! Am besten schreibt man eine Gästeliste und überlegt, wie viele Freunde kommen sollen. Als Faustregel gilt: Nicht mehr Gäste einladen als Quadratmeter Partyfläche zur Verfügung stehen!

Dann kann man sich Gedanken machen über Essen und Getränke. Es gibt nichts Schlimmeres als hungrige und durstige Partygäste. Wer auf Nummer sicher gehen will, plant pro Person zwei Liter Getränke ein. Was es geben soll, bespricht man am besten mit den Eltern. Wenn jeder etwas zu essen mitbringt, wäre es gut, vorher zu klären, wer was macht – sonst könnte es eintönig werden. Außerdem sollte man böse Überraschungen vermeiden: z. B. zerbrochene Gegenstände, die Belagerung des Elternschlafzimmers, Unstimmigkeiten bei der Musikwahl oder gar ungebetenen Besuch der Polizei! Denn – Stichwort: Lärmbelästigung – nach 22 Uhr darf eigentlich keine laute Musik mehr gespielt werden. Es hilft, Vorsichtsmaßnahmen zu treffen. Wie beispielsweise den Nachbarn rechtzeitig einen netten Besuch abzustatten und sie darüber zu informieren, dass man ausnahmsweise eine Feier macht und es möglicherweise etwas lauter werden könnte. Dann sind sie beim Thema Musik bestimmt nachsichtiger. Auch wichtig: den Musikgeschmack der Gäste kennen und sich vorbereiten.

Am besten alle Räume, die nicht zum Partygelände gehören, abschließen. Und wertvolle Gegenstände in Sicherheit bringen. Scherben bringen zwar Glück, aber auch Ärger mit den Eltern. Eltern? Ach stimmt, die gibt's ja auch noch! Sie wollen bei der Party dabei sein? Wie peinlich! Erde, tu dich auf, bitte! Darüber muss vorher unbedingt geredet werden. Vielleicht kann man sie dazu animieren, an dem Abend auszugehen? Und wenn sie zu Hause bleiben, sollte die Partyzone für sie tabu sein. Mit den Eltern bespricht man natürlich auch, wann die Party zu Ende sein soll. Und wer vorher Freiwillige gefunden hat, die beim Aufräumen helfen, hat alles richtig gemacht.

Ab wann darf ich alleine verreisen?

Sobald deine Eltern es erlauben, sonst ab achtzehn. Üblich ist, ab 14 oder 15 Jahren mit Freunden oder Jugendgruppen – hallo, Pfadfinder! – zusammen vielleicht erst mal eine kürzere Reise zu unternehmen, ab sechzehn dürfen viele Jugendliche auch allein wegfahren – weiter weg oder ins Ausland. Mit Freunden macht das Verreisen am meisten Spaß.

Wie findet man die richtige BH-Größe?

Man kann natürlich alle BHs im Laden durchprobieren, bis einer passt. Aber das ist ziemlich zeitaufwendig. Nächste Möglichkeit: Der Freund bietet seine Hilfe an und misst die Größe der Brüste … mit den Händen. Ja, äh, das kann auch schön sein, bringt uns aber hier nicht wirklich weiter.

Ein Maßband muss her! Nur damit kann man die BH-Größe herausfinden. Beim Messen sollte man allerdings schon einen BH oder ein Bustier tragen, also etwas Enganliegendes. Und so geht's: Als Erstes misst man den Unterbrustumfang direkt unter dem Brustansatz. Wichtig ist, dass das Maßband auch wirklich waagerecht ist und hinten nicht verrutscht. Der Unterbrustumfang ist später die Zahl in der BH-Größe, z. B. 75 (die Größen sind in Fünf-Zentimeter-Schritte eingeteilt). Als Nächstes misst man die Oberweite, also den Brustumfang an der breitesten Stelle, das ist etwa in Höhe der Brustwarzen oder ein Stück darüber, z. B. 90 Zentimeter. Die Differenz zwischen beiden Zahlen, hier also 15, ergibt die Körbchengröße. Pure Mathematik! Wenn man dann beide Werte kennt, kann man in einer Tabelle nachschauen, welche Größe man hat. In dem Fall wäre das 75B. Der Buchstabe beschreibt die Körbchengröße. A ist ein kleines Körbchen, B ist etwas größer, C noch größer usw.

Aber nicht nur die Größe ist entscheidend, sondern vor allem: der richtige Sitz. Der BH sollte am Brustkorb gut anliegen. Steht er vorne ab, sind die Körbchen zu klein oder der BH ist zu weit. Dasselbe gilt, wenn der BH am Rücken nicht gerade sitzt, sondern nach oben rutscht. Typischer Fall von falscher Größe! Am Ausschnitt und unter den Armen sollte nichts überquellen.  Sonst ist das Körbchen zu klein. Bei einem Bügel-BH dürfen die Bügel die Brust außen nicht einschneiden. Tipp: Auch ein Bewegungstest in der Umkleidekabine kann hilfreich sein. So merkt man, ob alles richtig sitzt und bequem ist.

Man braucht also als Mädchen echt viel Geduld, wenn's um den Unterwäschekauf geht. Das kann ganz schön dauern. Aber schließlich soll man sich ja auch wohl fühlen in der eigenen Haut und den BH beim Tragen am besten gar nicht spüren. Dann sitzt er gut. Am besten kauft ihr euren ersten BH in einem Fachgeschäft und sprecht eine Verkäuferin an. Sie kann euch beim Messen helfen und euch beraten. Und noch ein Tipp:  Besonders, wenn ihr etwas mehr Oberweite habt, ist es wichtig, beim Sport keinen Bügel-BH zu tragen, sondern einen Sport-BH. Die sind in der Regel sehr fest und geben viel Halt. Die Brust besteht ja bei Frauen hauptsächlich aus Bindegewebe und aus Drüsengewebe. Das kann durch Sport sehr beansprucht werden, wodurch der Busen an Festigkeit verlieren kann – Stichwort: «Hängebusen». Und bequemer ist es beim Sport auch, wenn alles da bleibt, wo es hingehört (zu verschiedenen BH-Größen vgl. S. 157).

Sind Stringtangas ungesund?

Nein! Wenn sie zu klein sind, kneifen sie in der Poritze und auch an den Schamlippen. Passend gekauft, stellen sie kein Problem dar. Du musst nicht befürchten, dich zu erkälten, weil dein Höschen so klein ist. Aber wenn du keine Strings tragen magst, ist das auch okay – es gibt jede Menge anderer hübscher Wäsche.

Wenn du noch mehr Fragen hast, schau doch mal auf unserer Internetseite vorbei: www.dubistkeinwerwolf. de. Wir freuen uns auch über einen Eintrag in unserem Gästebuch!